자기주도적 성장하는 ...

교 회:

이 름:

전 화:

자기주도적 성장하는 구역

예수사랑

머리말

사람이 어떤 큰 일을 시도하여 그것을 성취하려면 그 일을 성취하기 위한 원리와 방법이 있다. 이러한 원리와 방법을 소홀히 취급하고서는 어떠한 일도 온전히 성취할 수가 없는 것은 자명한 일이다. 구역성장도 예외는 아니다. 구역이 성장하려면 성장을 위한 원리와 방법을 터득해야 한다.

그러나 우리가 분명히 기억해야 할 것은 구역성장을 위한 방법만 배우려고 해서는 안된다는 것이다. 방법이란 기교요, 테크닉일 뿐인 것이다. 물론 이것도 중요하다. 하지만 기교에 속한 방법만을 배워서는 시행착오만 되풀이 될 수밖에 없으며, 우리가 바라는 교회성장과 구역성장은 지지부진할 수밖에 없다는 고민을 다시 안게 될 것이다.

구역성장을 온전히 이루려면 성장방법 이전에 성장원리를 터득해야 함이 중요하다. 그리고 성장원리를 중심으로 해서 성장방법을 적용할 때 구역성장은 이루어 질 수 있다고 확신한다.

구역성장은 교회성장의 중요한 원리요 방법중에 하나라 할 수 있다. 그리하여 이번 구역공과에서는 '자기주도적 성장하는 구역' 이라는 제목을 가지고 구역성장의 원리를 중심으로 다루고 있다.

본 공과를 활용하여 우리의 각 구역들이 교회의 구역성장의 원리를 터득하고 방법을 새롭게 함으로써 부흥하는 교회와 구역이 되는데 있어 조금이라도 보탬이 될 수 있으면 하나님께 영광이 될 것이다.

도서출판 예수사랑 편집부

전혀 새로운 구역공과

오늘날의 교회성장은 평신도를 어떻게 관리하며 훈련시키느냐에 달려 있습니다. 일찍이 평신도 신학의 대표학자인 헨드릭 크레머(Hendrik Kraemer)박사는 평신도는 동결된 자산이라고 했습니다.

평신도들이 엄청난 잠재력을 깨워서 복음의 일꾼으로 또는 교회를 섬기는 동력으로 만드는 것이 중요합니다. 그래서 최근에는 제자훈련이나 큐티(Q.T.), 또는 여러 선교단체에서 나오는 성경공부 교재가 나왔습니다. 그런데 결국 교회의 성장은 구역조직의 활성화와 구역공부를 잘할 때 교회가 성장했다는 것이 사실로 증명되었습니다.

이번에 도서출판 『예수사랑』에서 『성장하는 구역』이란 52주 구역공과 시리즈를 내어 놓았습니다. 이미 그는 『아름다운 구역』을 통해서 훌륭한 성과를 거둔바 있습니다. 그런데 이번의 공과는 보다 실제적이고 흥미있게 편집되어 구역장과 구역원들이 다함께 기쁜 마음으로 말씀을 묵상하면서 삶에 적용시킬 수 있고, 구역원 상호간에 아름다운 친교를 나눌 수 있도록 구성되어 있다고 봅니다.

도서출판 『예수사랑』의 노력을 치하드리고, 모든 성도들이 이 책을 사용하면서 많은 유익을 얻을 줄 알아서 몇 줄 적어 추천사에 대하는 바입니다.

전 총신대학장 **정 성 구** 목사

구역성장의 비밀이 이 책에

주님의 몸된 교회는 생명체이므로 성장해야 합니다. 그런데 성장을 위해서는 몸의 지체들이 균형있는 성장을 해야 합니다.

한국교회가 숫자적으로는 많이 성장했습니다. 이것은 하나님의 축복입니다. 그런데 건전한 성장을 위해서는 몸된 교회를 이루고 있는 지체, 구체적으로 말해서 구역이 바로 성장해야 합니다.

이번에 『도서출판 예수사랑』에서 구역의 생동적인 성장을 위해서 지침이 될 수 있는 좋은 책을 이 세상에 내 놓게된 것을 기쁘게 생각합니다.

본 구역공과 『성장하는 구역』은 목회현장에서 실제적으로 적용되어진 재료들을 기초로 하여서 마련되어진 것입니다. 목회생활은 무척 바쁜데 틈틈이 좋은 재료를 마련하여 이렇게 책으로 내놓는 일은 쉬운 일이 아닙니다. 열심히 기도하시고 공부하시고 힘쓰시고 교회를 성장시켜 보려는 뜨거운 목회자의 열정이 이 책에 담겨져 있습니다.

목회 일선에서 얻은 체험과 영감, 그리고 확신이 이 책 안에 기록되어 있습니다. 구역성장의 비밀이 이 책에 있습니다.

교회성장을 위해서 애쓰시는 목회자님들과 구역을 돌보시기 위해서 수고하시는 평신도 지도자들에게 실제적인 큰 도움이 되리라 믿어 확신을 가지고 추천합니다.

『성장하는 구역』이 한국교회의 완전한 성장에 크게 기여하리라 믿습니다.

갈보리교회 담임 박 조 준 목사

자성구 공과의 활용방법

1. 본 구역공과는 매주마다 한과씩 하반기 26주동안 활용할 수 있도록 편집되었다.

2. 본 구역공과는 구역장 한 사람이 진행하는 것이 아니라, 전 구역원이 구역예배 속에 모두 참석하여 말씀으로 은혜를 나누고 그 은혜를 생활에 적용하는 자기주도적 참여 형식으로 구성되어 있다.

3. 자기주도적 참여 방법은 '마음 나누기' 를 통해 ① 인사 나누기의 긍정적 지지를 하게 한다. ② 개역개정 성경말씀과 새찬송가를 수록하여 구역예배시 간편한 참여를 유도하였다. ③ 기도 인도자나 기도 예정자의 기도 순서를 두었다. ④ 중보기도 요청 하기, 중보기도 응답에 대한 감사기도 말하기 등 은혜 나누기를 통해 주도적으로 성장하는 구역의 효율성을 높이게 하였다.

4. 예배를 마친 순서에 나눔의 시간을 두어 오늘의 은혜를 삶에 적용하는 다짐을 서로 나눔으로 격려와 지지를 주어 성장하는 구역의 에너지가 되게 하였다.

5. 광고시간과 차시예고를 통해 다음 구역예배시 중보기도 내용을 준비 기록하게 하였다.

6. 이런 과정을 위해 각 구역 식구는 각각 한권씩 교재를 소지함으로써 성장하는 자기 참여식 구역예배가 되도록 기획되었다.

| 차례 |

Ⅰ. 기도생활

Ⅱ. 감사신앙

Ⅲ. 순종하는 삶

Ⅳ. 초대교회

Ⅴ. 절기론

01

신자와 기도생활

1그 때에 히스기야가 병들어 죽게 되매 아모스의 아들 선지자 이사야가
그에게 나아와서 그에게 이르되 여호와의 말씀이 너는 집을 정리하라 네
가 죽고 살지 못하리라 하셨나이다 2히스기야가 낯을 벽으로 향하고 여호
와께 기도하여 이르되 3여호와여 구하오니 내가 진실과 전심으로 주 앞에
행하며 주께서 보시기에 선하게 행한 것을 기억하옵소서 하고 히스기야
가 심히 통곡하더라 4이사야가 성읍 가운데까지도 이르기 전에 여호와의
말씀이 그에게 임하여 이르시되 5너는 돌아가서 내 백성의 주권자 히스기
야에게 이르기를 왕의 조상 다윗의 하나님 여호와의 말씀이 내가 네 기도
를 들었고 네 눈물을 보았노라 내가 너를 낫게 하리니 네가 삼 일 만에 여
호와의 성전에 올라가겠고 6내가 네 날에 십오 년을 더할 것이며 내가 너
와 이 성을 앗수르 왕의 손에서 구원하고 내가 나를 위하고 또 내 종 다윗
을 위하므로 이 성을 보호하리라 하셨다 하라 하셨더라 (왕하 20:1-6)

Memo

♣ 마음 나누기

1. 인사 (구역 식구들에게)

① 주님의 이름으로 환영합니다.

② 주님의 이름으로 축복합니다.

③ 주님의 이름으로 사랑합니다.

2. 찬송 (386장 만세 반석 열린 곳에)

(1) 만세 반석 열린 곳에 내가 숨어 있으니
원수 마귀 손 못대고 환난 풍파 없도다
(2) 죄에 매여 죽을 인생 편히 쉬기 바라니
주의 가슴 넓은 품에 내가 찾아 안기네
(3) 이땅 위에 평안 없고 기쁜일을 몰라도
주 예수의 참사랑을 내가 이제 알았네
(4) 험한풍파 지나도록 순풍으로 도우사
평화로운 피난처에 길이살게 하소서
(후렴) 만세 반석 열린 곳에 내가 편히 쉬리니
나의 반석 구주 예수 나를 숨겨 주소서 아멘

3. 기도 (인도자나 기도 순서자가 기도)

....

4. 중보기도 요청 나누기

① 기도 내용 말하기: ....

② 감사기도 내용 말하기: ....

③ 응답기도 내용 말하기: ....

이제 상반기에 이어 하반기 구역 성경 공부를 다시 시작하게 된다. 하반기에도 우리 구역 식구들이 모두 건강하고 함께 교회를 부흥시키는데 힘써 앞장서자.

신앙생활은 성경읽기와 전도생활, 예배생활, 헌신생활, 찬양과 성도의 교제 등 여러 가지가 있지만 한 가지 빼놓을 수 없는 것은 기도생활이다. 기도생활은 두 가지 형태로 나타날 수 있는데 한 가지는 기도라는 말을 너무 많이 들어서 만성이 되어버린 형이고, 또 한 가지는 기도하라는 권유를 들으면 들을수록 더욱 깊게 기도하는 생활일 것이다. 특별히 깊은 기도생활은 신앙생활에 영적인 윤활작용을 해준다.

〈아니야, 기도해야 열려!〉

사랑하는 친구의 동생가족이 미국으로 이민을 왔다. 아파트와 교회와 어린 아이들이 다닐 유치원까지 안내했다.

며칠 후, 한국에서 사촌들이 여행을 왔다. '헌팅턴 라이브러리' 라는 곳으로 놀러갔다. 엄청난 양의 식물들과 무지무지하게 커다란 선인장이 그들을 맞이했다. 보호 차원에서 곳곳에 출입금지의 쇠사슬이 처져있었다.

그때 한국에서 온 사촌이 말했다.

"주문을 걸어서 잠긴 문을 열자!"

그랬더니 미국에 와서 처음으로 교회를 다니며, 교회에서 운영하는 유치원에 겨우 보름 정도 다닌 그 아이가 이렇게 말하는 것을 들었다.

"아니야, 형! 기도해야 열려!"

이 시간에는 과연 기도는 어떤 이유로 인해서 해야 하는지 알아보자.

1. 기도는 하나님의 뜻대로 사는 것이다.

하나님의 피조물이 된 우리는 그분의 뜻을 아는 것이 최대의 행복이다. 하나님의 뜻을 깨닫기 위해서는 누구나가 잘 알고 있듯이 기도하는 것이다. 매일 같이 기도를 강조하는 까닭은 기도로 하나님의 백성된 자들이 살아가기 때문이다. 한치 앞을 보지 못하는 인생들이 안전한 가운데 살아가려면 어떤 기도를 해야 하겠는가?

> 1예레미야가 아직 시위대 뜰에 갇혀 있을 때에 여호와
> 의 말씀이 그에게 두 번째로 임하니라 이르시되 2일을
> 행하시는 여호와, 그것을 만들며 성취하시는 여호와, 그
> 의 이름을 여호와라 하는 이가 이와 같이 이르시도다 3
> 너는 내게 부르짖으라 내가 네게 응답하겠고 네가 알지
> 못하는 크고 은밀한 일을 네게 보이리라 (렘 33:1-3)

2. 기도는 환경을 극복한다.

우리의 기도는 즉각적으로 변화를 나타낼 수도 있지만 때로는 점차적으로 환경을 극복하도록 하는 능력을 가지고 있다. 현재의 당신의 환경이 어떤 형태로써 변화되며 어떻게 극복되는지 살펴보라. 아마도 깜짝 놀라는 일이 있을 것이다. 하나님께 기도하는 자에게는 어떻게 환경이 극복되겠는가?

> 주의 법을 사랑하는 자에게는 큰 평안이 있으니 그들에게 장애물이 없으리이다 (시 119:165)

3. 기도는 타인의 역경에 대해서도 해결한다.

생명의 위협을 받는 사건이나 위험 등을 겪을 뻔 했던 사람들의 간증을 들어보면 대다수가 위험한 상황에서 배후의 기도를 통하여 모면하게 되었다는 말을 하곤 한다. 당신이 기도할 때 위험한 상황에 빠진 당신의 가족이나 친지들이 사고를 당하지 않거나 문제를 극소화 할 수 있다고 생각해 보라. 얼마나 기도의 힘이 놀라운 것인가? 성경에서 뜨겁게 기도할 때 나타났던 일들은 무엇이겠는가?

> [22]가나안 여자 하나가 그 지경에서 나와서 소리 질러 이
> 르되 주 다윗의 자손이여 나를 불쌍히 여기소서 내 딸
> 이 흉악하게 귀신 들렸나이다 하되 [23]예수는 한 말씀도
> 대답하지 아니하시니 제자들이 와서 청하여 말하되 그
> 여자가 우리 뒤에서 소리를 지르오니 그를 보내소서 [28]
> 이에 예수께서 대답하여 이르시되 여자여 네 믿음이 크
> 도다 네 소원대로 되리라 하시니 그 때로부터 그의 딸
> 이 나으니라 (마 15:22-23, 28)

> [22]회당장 중의 하나인 야이로라 하는 이가 와서 예수를
> 보고 발 아래 엎드리어 [42]소녀가 곧 일어나서 걸으니 나
> 이가 열두 살이라 사람들이 곧 크게 놀라고 놀라거늘 [43]
> 예수께서 이 일을 아무도 알지 못하게 하라고 그들을
> 많이 경계하시고 이에 소녀에게 먹을 것을 주라 하시니
> 라 (막 5:22, 42-43)

> [5]이에 베드로는 옥에 갇혔고 교회는 그를 위하여 간절
> 히 하나님께 기도하더라 [6]헤롯이 잡아 내려고 하는 그
> 전날 밤에 베드로가 두 군인 틈에서 두 쇠사슬에 매여
> 누워 자는데 파수꾼들이 문 밖에서 옥을 지키더니 [7]홀
> 연히 주의 사자가 나타나매 옥중에 광채가 빛나며 또
> 베드로의 옆구리를 쳐 깨워 이르되 급히 일어나라 하니

쇠사슬이 그 손에서 벗어지더라 (행 12:5-7)

4. 기도는 만사를 변화시킨다.

기도는 하나님의 뜻이며 환경을 극복하며 타인의 문제까지 해결하는 능력이 있는 동시에 모든 만사를 변화시키는 능력이 있으므로 우리에게는 기도가 필요한 것이다.

- 히스기야 왕의 기도(왕하 20:1-6)

1절→ 선지자의 말에 청종

2절→ 자원하여 기도함

3절→ 과거의 선을 생각(진실)

3절→ 심히 통곡함(눈물의 기도)

> [1]그 때에 히스기야가 병들어 죽게 되매 아모스의 아들
> 선지자 이사야가 그에게 나아와서 그에게 이르되 여호
> 와의 말씀이 너는 집을 정리하라 네가 죽고 살지 못하
> 리라 하셨나이다 [2]히스기야가 낯을 벽으로 향하고 여호
> 와께 기도하여 이르되 [3]여호와여 구하오니 내가 진실과
> 전심으로 주 앞에 행하며 주께서 보시기에 선하게 행한
> 것을 기억하옵소서 하고 히스기야가 심히 통곡하더라 [4]
> 이사야가 성읍 가운데까지도 이르기 전에 여호와의 말
> 씀이 그에게 임하여 이르시되 [5]너는 돌아가서 내 백성
> 의 주권자 히스기야에게 이르기를 왕의 조상 다윗의 하
> 나님 여호와의 말씀이 내가 네 기도를 들었고 네 눈물
> 을 보았노라 내가 너를 낫게 하리니 네가 삼 일 만에 여
> 호와의 성전에 올라가겠고 [6]내가 네 날에 십오 년을 더
> 할 것이며 내가 너와 이 성을 앗수르 왕의 손에서 구원
> 하고 내가 나를 위하고 또 내 종 다윗을 위하므로 이 성
> 을 보호하리라 하셨다 하라 하셨더라 (왕하 20:1-6)

현재의 많은 일을 좋은 여건으로 변화시키기 위해 기도하자. 간절하게 기도함으로써 만사를 변화시킨 히스기야 왕의 기도와 당신의 기도를 비교함으로써 새로운 마음 가짐을 가져 보자.

♣ 나눔의 시간 갖기

1. 오늘 말씀을 중심으로 삶에 적용해 보세요.

2. 기도

사랑의 하나님 오늘

예수님의 이름으로 기도드립니다. 아멘

Memo

3. 광고

① ....

② ....

③ ....

4. 차시예고 (다음 구역공과 은혜시간에 중보기도 요청 내용과 감사의 기도 내용을 미리 공과에 적어오세요.)

5. 주기도문

02

은혜받는 지름길

39예수께서 나가사 습관을 따라 감람 산에 가시매 제자들도 따라갔더니 40
그 곳에 이르러 그들에게 이르시되 유혹에 빠지지 않게 기도하라 하시고
41그들을 떠나 돌 던질 만큼 가서 무릎을 꿇고 기도하여 42이르시되 아버지
여 만일 아버지의 뜻이거든 이 잔을 내게서 옮기시옵소서 그러나 내 원대
로 마시옵고 아버지의 원대로 되기를 원하나이다 하시니 43천사가 하늘로
부터 예수께 나타나 힘을 더하더라 44예수께서 힘쓰고 애써 더욱 간절히
기도하시니 땀이 땅에 떨어지는 핏방울 같이 되더라 (눅 22:39-44)

♣ 마음 나누기

1. 인사 (구역 식구들에게)

① 당신은 주님의 멋진 동력자입니다.

② 당신은 복 받을 사람입니다.

③ 당신은 사랑받기 위해 태어난 사람입니다.

2. 찬송 (310장 아 하나님의 은혜로)

(1) 아 하나님의 은혜로 이 쓸데 없는 자
왜 구속하여 주는지 난 알 수 없도다
(2) 왜 내게 굳센 믿음과 또 복음 주셔서
내 맘이 항상 편한지 난 알 수 없도다
(3) 왜 내게 성령 주셔서 내 마음 감동해
주 예수 믿게 하는지 난 알 수 없도다
(4) 주 언제 강림 하실지 혹 밤에 혹 낮에
또 주님 만날 그곳도 난 알 수 없도다
(후렴) 내가 믿고 또 의지함은 내 모든 형편 아시는 주님
늘 보호 해주실것을 나는 확실히 아네

3. 기도 (인도자나 기도 순서자가 기도)

....

....

4. 중보기도 요청 나누기

① 기도 내용 말하기: ....

② 감사기도 내용 말하기: ....

③ 응답기도 내용 말하기: ....

땅 위를 질주하는 자동차들은 도로가 있으며, 바다 위를 항해하는 선박들은 수로가 있다. 또한 하늘을 나는 비행기는 항공로가 있으며, 천국을 향하여 달려가는 크리스천들의 인생길에는 기도라는 길이 있다. 크리스천은 기도를 통해 마지막 종착역이 되는 천국에 안전하게 도착할 수 있다. 그러므로 크리스천은 기도에 전심전력을 해야 한다.

〈십자가를 나도 지고〉

코르시카의 어느 마을에서는 해마다 고난주간이 되면 십자가의 행렬을 한다고 한다. 중세부터 내려오는 이 전통은 이미 전 세계에 널리 알려져 있는데, 약 15kg의 무거운 십자가를 지고, 2.5km를 맨발로 걷는다고 한다.

고통을 통하여 예수님의 고난을 조금이라도 생각하려는 기특한 생각이다. 그런데 이 십자가 행렬에 동참하겠다고 신청한 사람이 이미 40년 분이 넘었다고 한다.

기도는 바로 주님의 십자가의 고난에 동참하는 것이다.

이 시간에는 기도가 크리스천에게 주어지는 영향력이 무엇인가를 공부해 보자.

1. 기도는 은혜받는 지름길이다.

소낙비가 내리는 날에 그릇을 밖에 내어 놓으면 그 그릇의 양만큼 물이 고이게 된다. 즉 기도는 마음의 그릇을 준비하는 것과 같다. 성경은 "보라 지금은 은혜 받을 만한 때요"(고후 6:2)라고 선포한다. 기도하는 자들은 은혜 받을 이 시기에 은혜의 단비를 심령의 그릇에 듬뿍 채울 수 있는 것이다. 은혜를 받기 위해서 크리스천들은 어떻게 해야 하는지 성경을 찾아보자.

> 16항상 기뻐하라 17쉬지 말고 기도하라 18범사에 감사하라 이것이 그리스도 예수 안에서 너희를 향하신 하나님의 뜻이니라 (살전 5:16-18)

2. 기도는 세상에서 승리하는 방법이다.

이스라엘과 아말렉의 전쟁에 있어서 모세가 손을 들고 기도하면 이스라엘이 승리하고 손이 내려가면 패배하는 상황이 반복되었다. 결국 아론과 홀의 도움을 통해 지속적인 기도를 함으로써 이 전쟁에서 승리하게 되었다. 이처럼 두 세 사람이 합심으로 기도하는 것은 그 어떤 어려움 속에서도 승리하는 능력이 된다. 이렇게 되기 위해서 우리는 어떤 생활을 해야 하는가?

> 그들이 사도의 가르침을 받아 서로 교제하고 떡을 떼며 오로지 기도하기를 힘쓰니라 (행 2:42)

3. 기도는 주님의 고난에 동참하는 것이다.

예수 그리스도께서는 우리의 죄를 담당하시려고 감람산에서 땀이 땅에 떨어지는 핏방울 같이 되도록 간절히 기도하셨다. 주님을 따르는 성도는 주님이 행하신 기도의 모범을 따라가야 한다. 기도하기는 쉽지 않지만 하지 않으면 안되는 중요한 것이다. 우리가 주님의 고난에 동참하는 기도를 하기 위해서 가져야 할 마음 가짐은 무엇인가?

> 나는 너희를 위하여 기도하기를 쉬는 죄를 여호와 앞에

결단코 범하지 아니하고 선하고 의로운 길을 너희에게 가르칠 것인즉 (삼상 12:23)

부지런하여 게으르지 말고 열심을 품고 주를 섬기라 (롬 12:11)

4. 기도는 영혼을 구원하는 능력이 있다.

병든 영혼을 구원하기 위해서 어떻게 기도해야 하는가?

다니엘이 이 조서에 왕의 도장이 찍힌 것을 알고도 자기 집에 돌아가서는 윗방에 올라가 예루살렘으로 향한 창문을 열고 전에 하던 대로 하루 세 번씩 무릎을 꿇고 기도하며 그의 하나님께 감사하였더라 (단 6:10)

이르되 여호와여 구하오니 내가 주 앞에서 진실과 전심으로 행하며 주의 목전에서 선하게 행한 것을 기억하옵소서 하고 히스기야가 심히 통곡하니 (사 38:3)

쉬지 말고 기도하라 (살전 5:17)

● 병든 영혼

– 하나님을 믿지만 잘 믿지 못한 자.

– 하나님을 알지 못하는 불신자 등등.

"믿음의 기도는 병든 자를 구원하리니 주께서 그를 일으키시리라" (약 5:15)는 말씀처럼 기도는 병든 자를 구원하는 능력이 있다. 즉, 영적으로 병들어 있는 영혼을 구원하는 능력이 있다. 우리 성도들은 병든 영혼을 위해서 기도해야 한다.

Memo

♣ 나눔의 시간 갖기

1. 오늘 말씀을 중심으로 삶에 적용해 보세요.

2. 기도

사랑의 하나님 오늘

예수님의 이름으로 기도드립니다 아멘

3. 광고

①

②

③

4. 차시예고 (다음 구역공과 은혜시간에 중보기도 요청 내용과 감사의 기도 내용을 미리 공과에 적어오세요.)

5. 주기도문

03

기도를 병행하라

42그들이 사도의 가르침을 받아 서로 교제하고 떡을 떼며 오로지 기도하
기를 힘쓰니라 43사람마다 두려워하는데 사도들로 말미암아 기사와 표적
이 많이 나타나니 44믿는 사람이 다 함께 있어 모든 물건을 서로 통용하고
45또 재산과 소유를 팔아 각 사람의 필요를 따라 나눠 주며 46날마다 마음
을 같이하여 성전에 모이기를 힘쓰고 집에서 떡을 떼며 기쁨과 순전한 마
음으로 음식을 먹고 47하나님을 찬미하며 또 온 백성에게 칭송을 받으니
주께서 구원 받는 사람을 날마다 더하게 하시니라 (행 2:42-47)

♣ 마음 나누기

1. 인사 (구역 식구들에게)

① 당신은 주님의 멋진 형제(자매)입니다.

② 당신은 오늘 건강해 보이십니다.

③ 당신과 함께하여 기쁩니다.

2. 찬송 (538장 죄짐을 지고서 곤하거든)

(1) 죄 짐을 지고서 곤하거든 네 맘속에 주 영접하며
새사람 되기를 원하거든 네 구주를 영접하라

(2) 정결케 되기를 원하거든 네 맘속에 주 영접하며
생명수 마시기 원하거든 네 구주를 영접하라

(3) 진실한 친구를 원하거든 네 맘속에 주 영접하며
네 맘에 평안을 원하거든 네 구주를 영접하라

(4) 즐거운 찬송을 하려거든 네 맘속에 주 영접하며
평안한 복지에 가려거든 네 구주를 영접하라

(후렴) 의심을 다버리고 구주를 영접하라
맘 문 다 열어 놓고 네 구주를 영접하라

3. 기도 (인도자나 기도 순서자가 기도)

....

....

4. 중보기도 요청 나누기

① 기도 내용 말하기: ....

② 감사기도 내용 말하기: ....

③ 응답기도 내용 말하기: ....

Memo

참된 믿음이란 머릿속에서 생각하는 사색적인 것이 아니고 행함으로 나타내 보이는 실천적인 것이라 할 수 있다. 그러므로 앉아서 기도만을 할 것이 아니라 그에 따른 행함을 내 보여야 한다. 성도는 기도와 병행해서 구제, 봉사, 전도, 순종, 예배, 친교생활 등을 해야 한다. 이러한 생활이 밑받침 될 때 참 믿음을 소유한 자라고 인정받을 수 있다.

〈돌로 만든 떡(빵)〉

예수님께서 제자들에게 말씀하셨다.

"오늘은 산 위에서 하루종일 지내려고 하니 준비물을 잘 챙겨라. 그리고 모두 돌을 한 개씩 준비하여 가지고 가거라."

각자 나름대로 돌을 한 개씩 준비했다. 베드로는 아주 큰 돌을 낑낑대며 준비했고, 도마는 주먹보다 더 작은 돌을 준비했다. 유다는 산에 올라가면 돌이 천지에 깔렸다고 하며 준비하지도 않았다.

산꼭대기에 오르자 힘이 들고 배도 고팠다. 예수님께서는 좀 쉬면서 점심도 먹자고 하셨다. 그리고는 각자 가지고 온 돌을 꺼내라고 하셨다.

돌을 앞에 놓고 기도를 한 후 눈을 떠 보니 그 돌들이 떡으로 변해 있었다고 한다. -외경에서-

이 시간에는 성도가 기도와 병행해서 실천해야 할 몇 가지 생활을 공부해 보자.

Memo

1. 기도와 봉사는 병행되어야 한다.

자신의 힘이나 능력을 의지하는 봉사보다는 기도로 준비하고 실천하는 봉사의 힘이 더욱 중요하다. 봉사를 열심히 하는 것도 중요하지만 그만큼 기도의 밑받침이 있어야 한다. 자칫 잘못하면 열심히 봉사한다 하면서 기도를 소홀히 할 수가 있는데 그때는 여지없이 믿음의 시험이 닥치게 된다. 그러므로 봉사는 기도하면서 실천해야 한다. 그러면 참된 봉사와 잘못된 봉사의 결과는 어떤 형태로 나타나겠는가?

> 12이 여자가 내 몸에 이 향유를 부은 것은 내 장례를 위하여 함이니라 13내가 진실로 너희에게 이르노니 온 천하에 어디서든지 이 복음이 전파되는 곳에서는 이 여자가 행한 일도 말하여 그를 기억하리라 하시니라
>
> (마 26:12-13)

> 너희가 이같이 어리석으냐 성령으로 시작하였다가 이제는 육체로 마치겠느냐 (갈 3:3)

2. 기도와 구제는 병행되어야 한다.

이 땅에 사는 어떤 사람이든지 간에 구제를 받아 보지 않는 사람은 없을 것이다. 하나님께로부터 구원을 받아 영혼의 풍성함을 누리며 마음의 상처가 있을 때 그 누군가를 통해 위로를 받았던 기억들이 있다. 물질적인 구제를 포함하여 타인에게 베풀어 주는 것을 구제라고 할 수 있는데 구제는 역시 기도와 병행될 때 빛이 난다. 무조건 베풀어 주는 식의 구제 방법보다는 영혼 구원을 목적으로 기도하면서 주님의 이름으로 베풀어 주는 구제야말로 최고의 구제 방법이다.

고넬료가 행하는 기도와 구제는 어떤 형태로써 반응이 나타났는가?

행 10:4을 읽고 말씀의 의미를 생각해 봅시다.

> 고넬료가 주목하여 보고 두려워 이르되 주여 무슨 일이니이까 천사가 이르되 네 기도와 구제가 하나님 앞에 상달되어 기억하신 바가 되었으니 (행 10:4)

3. 기도와 순종은 병행되어야 한다.

성도가 가진 최고의 매력은 순종하는 것이라 할 수 있다. 아브라함은 순종함으로써 백세에 얻은 이삭을 하나님께 드렸다. 성경에서나 우리의 생활속에서 순종하다가 축복받고 인정받은 자는 헤아릴 수 없을 만큼 많다. 기도가 밑받침 되지 않으면 순종은 지속되기 어렵다. 참된 순종은 기도할 때 이루어진다. 성경은 순종에 대해서 어떤 태도를 가지고 있는가?

삼상 15:22, 엡 6:5-7을 읽고 말씀의 의미를 생각해 봅시다.

> 사무엘이 이르되 여호와께서 번제와 다른 제사를 그의 목소리를 청종하는 것을 좋아하심 같이 좋아하시겠나이까 순종이 제사보다 낫고 듣는 것이 숫양의 기름보다 나으니 (삼상 15:22)

> 5종들아 두려워하고 떨며 성실한 마음으로 육체의 상전에게 순종하기를 그리스도께 하듯 하라 6눈가림만 하여 사람을 기쁘게 하는 자처럼 하지 말고 그리스도의 종들처럼 마음으로 하나님의 뜻을 행하고 7기쁜 마음으로 섬기기를 주께 하듯 하고 사람들에게 하듯 하지 말라
> (엡 6:5-7)

Memo

4. 기도와 친교는 병행되어야 한다.

기도하면서 참된 교제를 나누는 공동체는 어떤 역사가 나타나는가?

행 2:42-47을 읽고 말씀의 의미를 생각해 봅시다.

> 42그들이 사도의 가르침을 받아 서로 교제하고 떡을 떼
> 며 오로지 기도하기를 힘쓰니라 43사람마다 두려워하는
> 데 사도들로 말미암아 기사와 표적이 많이 나타나니 44
> 믿는 사람이 다 함께 있어 모든 물건을 서로 통용하고 45
> 또 재산과 소유를 팔아 각 사람의 필요를 따라 나눠 주
> 며 46날마다 마음을 같이하여 성전에 모이기를 힘쓰고
> 집에서 떡을 떼며 기쁨과 순전한 마음으로 음식을 먹고
> 47하나님을 찬미하며 또 온 백성에게 칭송을 받으니 주
> 께서 구원 받는 사람을 날마다 더하게 하시니라
>
> (행 2:42-47)

사람들은 혼자 살 수 없다. 그래서 항시 더불어서 교제를 나누며 산다. 특별히 예수를 주님으로 모신 자들은 그리스도 안에서 친교를 나누는 것은 천국을 이루는 좋은 기회가 된다.

♣ 나눔의 시간 갖기

1. 오늘 말씀을 중심으로 삶에 적용해 보세요.

2. 기도

사랑의 하나님 오늘

예수님의 이름으로 기도드립니다. 아멘

3. 광고

①

②

③

4. 차시예고 (다음 구역공과 은혜시간에 중보기도 요청 내용과 감사의 기도 내용을 미리 공과에 적어오세요.)

5. 주기도문

Memo

04

모범적인 기도를 배우자

옛날을 기억하라 역대의 연대를 생각하라 네 아버지에게 물으라 그가 네게 설명할 것이요 네 어른들에게 물으라 그들이 네게 말하리로다

(신 32:7)

♣ 마음 나누기

1. 인사 (구역 식구들에게)

① 당신은 은혜가 풍성한 사람입니다.

② 당신은 주님의 일꾼입니다.

③ 당신은 주님의 충성된 종입니다.

2. 찬송 (549장 내 주여 뜻대로)

(1) 내 주여 뜻대로 행하시 옵소서 온몸과 영혼을 다 주께 드리니
이 세상 고락간 주인도 하시고 날 주관 하셔서 뜻대로 하소서

(2) 내 주여 뜻대도 행하시 옵소서 큰 근심 중에도 낙심케 마소서
주님도 때로는 울기도 하셨네 날 주관 하셔서 뜻대로 하소서

(3) 내 주여 뜻대로 행하시 옵소서 내 모든 일들을 다 주께 맡기고
저 천성 향하여 고요히 가리니 살든지 죽든지 뜻대로 하소서 아멘

3. 기도 (인도자나 기도 순서자가 기도)

사랑의 하나님 오늘
....
....
....
....
....
예수님의 이름으로 기도드립니다. 아멘

4. 중보기도 요청 나누기

① 기도 내용 말하기: ....

② 감사기도 내용 말하기: ....

③ 응답기도 내용 말하기: ....

대부분 사람들이 어렸을 때 누군가를 알아가고 싶은 충동을 느꼈던 것처럼 사람에게는 이상적인 인간상이 있다. 어떤 인물을 이상적인 인간상으로 생각하면 그와 비슷하게 되간다는 사실은 누구나 다 잘 알고 있다. 지금 우리가 흠모하고 있는 인간상은 누구인가? 부귀가 있는 자인가? 아니면 명예가 있는 자인가? 우리 믿는 자들은 온전한 신앙을 위해 예수 그리스도를 최고의 이상적인 모델로 삼아야 한다.

〈금메달 선수의 기도〉

올림픽 경기를 보면 많은 선수들이 경기에 임하기 전에 기도를 드린다. 그리고는 최선을 다한다. 그러나 금메달이 확정된 순간 그들은 어떻게 하는가?

큰소리로 포효를 하며 자기나라 국기를 들고 운동장을 한 바퀴 돌며 환호에 답한다.

극히 일부 선수들만이 먼저 하나님께 기도를 드린다.

우리가 시험을 보기 전에는 부지런히 기도를 드리지만 시험 후에 바로 하나님께 기도를 드리는 사람은 드물다.

하나님께서 누구를 더 기뻐하시며, 누구에게 더 큰 복을 주시겠는가?

이번 시간에는 기도에 대한 문제를 놓고 성경에 나타난 몇 사람을 찾아봄으로써 기도의 모범을 삼아 보자.

1. 야곱의 끈질긴 기도를 배우자.(창 32:24-30)

야곱은 자신의 문제를 놓고 기도할 때에 적당히 하지 않았다. 혼자서 하나님께 간절히 기도하며 자신에게 주어진 많은 육체적 고통을 살아가면서 끈기있는 기도를 하였다. 결국 하나님을 감동시킴으로써 자신의 문제를 해결하는 끈질긴 기도를 하였다. 우리도 한 번 시작한 기도는 응답받을 때까지 끈질긴 기도를 하자.

Memo

> 22가나안 여자 하나가 그 지경에서 나와서 소리 질러 이
> 르되 주 다윗의 자손이여 나를 불쌍히 여기소서 내 딸
> 이 흉악하게 귀신 들렸나이다 하되 23예수는 한 말씀도
> 대답하지 아니하시니 제자들이 와서 청하여 말하되 그
> 여자가 우리 뒤에서 소리를 지르오니 그를 보내소서 24
> 예수께서 대답하여 이르시되 나는 이스라엘 집의 잃어
> 버린 양 외에는 다른 데로 보내심을 받지 아니하였노라
> 하시니 25여자가 와서 예수께 절하며 이르되 주여 저를
> 도우소서 26대답하여 이르시되 자녀의 떡을 취하여 개
> 들에게 던짐이 마땅하지 아니하니라 27여자가 이르되
> 주여 옳소이다마는 개들도 제 주인의 상에서 떨어지는
> 부스러기를 먹나이다 하니 28이에 예수께서 대답하여
> 이르시되 여자여 네 믿음이 크도다 네 소원대로 되리라
> 하시니 그 때로부터 그의 딸이 나으니라 (마 15:22-28)

마태복음 15장 22절에서 28절까지의 내용과 당신의 기도 자세는 어떤 유사점과 차이점이 있는가?

유 사 점	차 이 점

Memo

2. 엘리야의 용감한 기도를 배우자.(왕상 18:30-40)

바알 선지자 450인과 아세라 선지자 400인이 하나님의 선지자 엘리야와 기도의 대결을 한 사실을 우리는 잘 알고 있다. 엘리야는 철저하게 하나님을 의지하고 간절히 기도함으로 어려운 난관속에서 기도로 말미암아 승리하였다. 우리는 엘리야의 용감한 기도를 배우자. 850명과 한명의 대결속에서 당당하게 기도로 승리한 엘리야의 기도를 배워서 우리 기도의 모범을 삼자. 성경에서는 성도로 하여금 어떠한 자세와 마음가짐으로 기도하기를 원하는가?

> 두려워하지 말라 내가 너와 함께 함이라 놀라지 말라 나는 네 하나님이 됨이라 내가 너를 굳세게 하리라 참으로 너를 도와 주리라 참으로 나의 의로운 오른손으로 너를 붙들리라 (사 41:10)

> 세리는 멀리 서서 감히 눈을 들어 하늘을 쳐다보지도 못하고 다만 가슴을 치며 이르되 하나님이여 불쌍히 여기소서 나는 죄인이로소이다 하였느니라 (눅 18:13)

3. 다니엘의 일사각오적인 기도를 배우자.
(단 6:10-13)

바벨론 나라 다리오 왕 시절에 누구든지 다리오 왕 외에 다른 신에게나 사람에게 기도하거나 구하면 사자 굴에 넣는다는 엄명이 있는데도 불구하고 다니엘은 자신을 굽히지 않고 하루 세 번씩 기도하였다. 결국 다니엘은 사자 굴에 던져졌지만 하나님의 보호하심을 받고 승리하는 역사가 있었다. 우리의 기도는 어떠한가? 한 번 마음먹은 기도는 굽히지 않고 끝까지 기도하고 있는가? 자신에게 위험이 와도 굽히지 않았던 다니엘의 일사각오의 기도를 배우자. 우리의 기도를 응답하시는 하나님은 어떤 하나님이시며 어느 때에 기도하기를 원하시는가?

> [6]오직 그만이 나의 반석이시요 나의 구원이시요 나의
> 요새이시니 내가 흔들리지 아니하리로다 [7]나의 구원과
> 영광이 하나님께 있음이여 내 힘의 반석과 피난처도 하
> 나님께 있도다 [8]백성들아 시시로 그를 의지하고 그의
> 앞에 마음을 토하라 하나님은 우리의 피난처시로다 (셀라) (시 62:6-8)

> 환난 날에 나를 부르라 내가 너를 건지리니 네가 나를 영화롭게 하리로다 (시 50:15)

4. 한나의 서원기도를 배우자.(삼상 1:10-24)

하나님은 서원한 기도를 어떻게 하라 하시는가?

> 네가 하나님께 서원하였거든 갚기를 더디게 하지 말라 하나님은 우매한 자들을 기뻐하지 아니하시나니 서원한 것을 갚으라 (전 5:4)

아이를 갖지 못했던 한나가 구박을 받던 중 하나님께 서원함으로써 사무엘을 얻었고, 그의 서원대로 사무엘을 하나님께 드렸다. 또한 한나는 자기가 입술로 서원한 기도를 분명히 하나님께 갚았다.

우리들도 혹시 하나님께 서원으로 기도한 것이 있다면 분명히 갚아야 한다. 서원한 것은 해로울지라도 갚는 것이 성경적 원리이며 참된 신앙인의 자세이다.

♣ 나눔의 시간 갖기

Memo

1. 오늘 말씀을 중심으로 삶에 적용해 보세요.

2. 기도

사랑의 하나님 오늘

예수님의 이름으로 기도드립니다. 아멘

3. 광고

①

②

③

4. 차시예고 (다음 구역공과 은혜시간에 중보기도 요청 내용과 감사의 기도 내용을 미리 공과에 적어오세요.)

5. 주기도문

05

신자와 새벽기도

35새벽 아직도 밝기 전에 예수께서 일어나 나가 한적한 곳으로 가사 거기
서 기도하시더니 36시몬과 및 그와 함께 있는 자들이 예수의 뒤를 따라가
37만나서 이르되 모든 사람이 주를 찾나이다 38이르시되 우리가 다른 가까
운 마을들로 가자 거기서도 전도하리니 내가 이를 위하여 왔노라 하시고
39이에 온 갈릴리에 다니시며 그들의 여러 회당에서 전도하시고 또 귀신
들을 내쫓으시더라 (막 1:35-39)

Memo

♣ 마음 나누기

1. 인사 (구역 식구들에게)

① 당신은 오늘 행복의 주인공입니다.

② 당신은 주님의 사랑의 메신저입니다.

③ 당신과 함께하여 행복합니다.

2. 찬송 (364장 내 기도하는 그시간)

(1) 내 기도하는 그 시간 그때가 가장 즐겁다 이 세상 근심걱정에 얽매인 나를 부르사 내 진정 소원 주앞에 낱낱이 바로 아뢰어 큰 불행당해 슬플때 나 위로받게 하시네

(2) 내 기도하는 그시간 내게는 가장 귀하다 저 광야 같은 세상을 끝없이 방황 하면서 위태한 길로 나갈때 주께서 나를 이끌어 그 보좌 앞에 나아가 큰 은혜 받게 하시네

(3) 내 기도하는 그시간 그때가 가장 즐겁다 이때껏 지은 큰죄로 내 마음 심히 아파도 참 마음으로 뉘우쳐 다 숨김없이 아뢰면 주 나를 위해 복주사 새 은혜 부어 주시네

(4) 내 기도하는 그시간 그때가 가장 즐겁다 주 세상에서 일찍이 저 요란한 곳 피하여 빈들에서나 산에서 온밤을 새워 지내사 주 예수 친히 기도로 큰 본을 보여 주셨네 아멘

3. 기도 (인도자나 기도 순서자가 기도)

사랑의 하나님 오늘 ....

예수님의 이름으로 기도드립니다 아멘

4. 중보기도 요청 나누기

① 기도 내용 말하기: ....

② 감사기도 내용 말하기: ....

③ 응답기도 내용 말하기: ....

일년의 계획은 연초에 세우고 한 달 계획은 첫주에 세우며, 하루에 계획은 새벽에 세운다. 이처럼 새벽은 일상생활에서 가장 기본이 되는 시간이다. 성경에서나 세계역사의 흐름을 보면 역사의 분기점을 이루는 거의 모든 대사는 새벽에 이루어졌다는 것을 알 수 있다. 새벽을 승리하는 자는 모든 일을 성공하는 것이라고 할 수 있으리만큼 사람들에게는 새벽시간이 중요하다.

〈그분은 저를 보고, 저는 그분을〉

매일 새벽 교회에서 한 시간씩 가만히 앉았다가 가는 신자가 있었다. 눈을 감고 기도를 하는 것도 아니고, 찬송을 하는 것도 아니었다. 그렇다고 성경을 읽고 묵상을 하는 것도 아니었다.

궁금하게 여긴 목사가 물었다.

"실례지만, 예배당에서 매일 한 시간씩 무얼 하십니까?"

"그분이 저를 보고 계십니다. 저도 그분을 바라봅니다. 저희는 서로 마음이 통합니다. 하루라도 주님을 보지 못하면 보고 싶어 견딜 수가 없습니다."

오늘 이 시간에는 성경에 나타난 사건중에서 새벽과 관련된 사건을 공부해 보고 우리의 신앙의 좌표로 삼아보려 한다.

1. 새벽에 롯이 도움을 받았다.(창 19:15-23)

소돔과 고모라가 불로써 멸방받을 때 롯은 천사의 재촉으로 생명을 보존한 사건이 있었는데, 그 시간이 새벽시간이었다.

Memo

성경에서는 롯이 소돔성에서 소알성으로 들어갈 때에 해가 돋았다고 한다(창 19:23). 해가 돋기전에 깨어 있던 롯은 생명을 구원받는 은혜를 입었다. 우리들도 새벽을 깨워서 하나님의 도우심의 은혜를 받도록 하자. 하나님은 언제 도우시는가?

> 하나님이 그 성 중에 계시매 성이 흔들리지 아니할 것이라 새벽에 하나님이 도우시리로다 (시 46:5)

2. 새벽에 홍해가 갈라지는 사건이 있었다. (출 14:21-28)

뒤에서는 애굽 군대가 이스라엘을 추격하고 앞에는 홍해가 있어서 진퇴양난이 된 상황에 처해 있을 때, 모세의 기도로 말미암아 새벽에 홍해가 갈라졌다. 신앙생활 중에서 홍해와 같은 진퇴양난의 난관에 처해 있을 때, 하나님께 부르짖으면 분명히 하나님께서 도와주실 것이다. 우리도 새벽기도를 통해 홍해와 같은 문제를 해결받는 기회가 되도록 하자. 어려운 일이 있을 때, 어떻게 해야 하겠는가?

> [147]내가 날이 밝기 전에 부르짖으며 주의 말씀을 바랐사오며 [148]주의 말씀을 조용히 읊조리려고 내가 새벽녘에 눈을 떴나이다 (시 119:147-148)

> 너희는 여호와를 만날 만한 때에 찾으라 가까이 계실 때에 그를 부르라 (사 55:6)

3. 야곱의 기도가 새벽에 응답되었다.(창 32:24-30)

날이 새도록 야곱과 하나님의 천사가 기도의 씨름을 하다가

야곱의 끈질긴 기도에 굴복되어 새벽녘에 축복해 주는 사건이 있었다. 새벽에 끈질기게 기도하면 하나님은 우리의 기도제목을 새벽에 응답하시리라 믿는다. 야곱이 새벽에 응답받은 것처럼 우리들도 새벽에 응답받도록 하자. 어떻게 할 때 하나님을 만날 수 있으며 기도의 응답을 받을 수 있겠는가?

> 너는 내게 부르짖으라 내가 네게 응답하겠고 네가 알지 못하는 크고 은밀한 일을 네게 보이리라 (렘 33:3)

> 나를 사랑하는 자들이 나의 사랑을 입으며 나를 간절히 찾는 자가 나를 만날 것이니라 (잠 8:17)

4. 예수님의 새벽기도를 따르자.(막 1:35-39)

주님께서도 새벽에 기도하셨다. 예수님을 따르는 것은 자기를 부정하고 십자가를 지고 따라가는 것이 원칙이다. 주님의 백성된 자들이 주의 십자가를 지고 주님만을 따라 간다는 것은 기도하는 것부터 시작된다.

> 35새벽 아직도 밝기 전에 예수께서 일어나 나가 한적한
> 곳으로 가사 거기서 기도하시더니 38이르시되 우리가
> 다른 가까운 마을들로 가자 거기서도 전도하리니 내가
> 이를 위하여 왔노라 하시고 39이에 온 갈릴리에 다니시
> 며 그들의 여러 회당에서 전도하시고 또 귀신들을 내쫓
> 으시더라 (막 1:35, 38-39)

우리는 새벽을 깨움에 있어서 주님을 생각하며, 주님을 본받아서 기도에 승리하는 성도가 되자. 예수께서 기도하신 후에 어떤 일을 하셨으며 우리는 무엇을 배워야 하겠는가?

Memo

♣ 나눔의 시간 갖기

1. 오늘 말씀을 중심으로 삶에 적용해 보세요.

2. 기도

사랑의 하나님 오늘

예수님의 이름으로 기도드립니다. 아멘

3. 광고

①

②

③

4. 차시예고 (다음 구역공과 은혜시간에 중보기도 요청 내용과 감사의 기도 내용을 미리 공과에 적어오세요.)

5. 주기도문

06

기도와 교회 부흥

16항상 기뻐하라 17쉬지 말고 기도하라 18범사에 감사하라 이것이 그리스도
예수 안에서 너희를 향하신 하나님의 뜻이니라 (살전 5:16-18)

Memo

♣ 마음 나누기

1. 인사 (구역 식구들에게)

① 주님의 이름으로 환영합니다.

② 나는 오늘 축복의 주인공이 되고 싶습니다.

③ 주님의 이름으로 축복합니다.

2. 찬송 (515장 눈을 들어 하늘 보라)

(1) 눈을 들어 하늘 보라 어지러운 세상중에 곳곳마다 상한 영의 탄식 소리 들려온다 빛을 잃은 많은 사람 길을 잃고 헤매이며 탕자처럼 기진하니 믿는자여 어이할꼬

(2) 눈을 들어 하늘 보라 어두워진 세상중에 외치는자 많건 마는 생명수는 말랐어라 죄를 대속하신 주님 선한 일꾼 찾으시나 대답할이 어디있나 믿는자여 어이할꼬

(3) 눈을 들어 하늘 보라 살아계신 주 하나님 약한자를 부르시어 하늘 뜻을 전하셨다 생명수는 홀로 예수 처음이요 나중이라 주님 너를 부르신다 믿는자여 어이할꼬

(4) 눈을 들어 하늘 보라 다시사신 그리스도 만백성을 사랑하사 오래 참고 기다리네 인애하신 우리 구주 의의심판 하시는날 곧 가까이 임하는데 믿는자여 어이할꼬

3. 기도 (인도자나 기도 순서자가 기도)

사랑의 하나님 오늘 ....

예수님의 이름으로 기도드립니다 아멘

4. 중보기도 요청 나누기

① 기도 내용 말하기: ....

② 감사기도 내용 말하기: ....

③ 응답기도 내용 말하기: ....

분위기란 말이 있다. 이 말은 어떤 집단을 둘러 싸고 있는 무형적인 요소로써 이것이 좋아질 때 매끄러워지고 나빠질 때는 불편해지기 마련이다. 어느 영역이든지 간에 분위기를 이용하는 것이 중요하다. 교회 생활속에서 분위기란 중요한 위치를 차지한다.

〈주님이 우리의 마음에 계신다면〉

테레사 수녀는 인도 캘커타의 '사랑의 선교회' 에서 함께 일할 사람들에게 항상 다음과 같은 질문을 했다고 한다.

"잘 웃고, 잘 먹으며, 또 잠은 잘 자나요?"

데살로니가전서 5장 16절에서 18절의 말씀에 그 해답이 있다.

16절 : 항상 기뻐하라 - 웃을 수밖에 없다.

17절 : 쉬지 말고 기도하라 - 잘 먹을 수밖에 없다.

18절 : 범사에 감사하라 - 마음이 편안하므로 잘 잘 수밖에 없다.

즉, 주님이 우리의 마음에 계신다면, 잘 웃고, 잘 먹으며, 잘 잘 수밖에 없는 것이다.

은혜받을 분위기, 부흥하는 분위기 등, 영적인 분위기가 필요하다. 교회와 개인이 부흥하는 분위기로 조성하기 위해 필요한 자세를 공부해 보자.

1. 분명한 소속감을 가지는 분위기가 조성되어야 한다.

먼저는 하나님께 소속되었다는 사실을 기억하고, 우리 교회라는 소속을 기억해야 한다. 왜냐하면 이 소속감이 즉시 기도의 내용이 되기 때문이다. 팔이 안으로 굽는다는 말처럼 가장 가까운 것을 위해 먼저 기도하는 습성이 우리에게 있기 때문이다.

당신은 분명한 소속감이 있는가? 하나님께 소속된 자들은 자신의 육체를 어떻게 사용해야 하겠는가?

롬 6:13을 읽고 말씀의 의미를 생각해 봅시다.

> 또한 너희 지체를 불의의 무기로 죄에게 내주지 말고 오직 너희 자신을 죽은 자 가운데서 다시 살아난 자 같이 하나님께 드리며 너희 지체를 의의 무기로 하나님께 드리라 (롬 6:13)

2. 마음과 뜻을 다하여 기도하는 분위기가 되어야 한다.

어떤 일을 진행함에 있어서 마음이 가고 뜻이 있는 일에는 참으로 즐겁고 더 많은 성과를 올릴 수 있다. 하나님 앞에서 마음과 뜻을 다하는 자세가 중요하다. 온 마음과 정성을 다하여 하나님을 사랑하는 것처럼, 우리 교회를 온 정성과 마음을 다하여 기도하는 분위기로 만드는데 주력하자.

신 6:5, 빌 1:8-11을 읽고 말씀의 의미를 생각해 봅시다.

> 너는 마음을 다하고 뜻을 다하고 힘을 다하여 네 하나님 여호와를 사랑하라 (신 6:5)

> 8내가 예수 그리스도의 심장으로 너희 무리를 얼마나
> 사모하는지 하나님이 내 증인이시니라 9내가 기도하노
> 라 너희 사랑을 지식과 모든 총명으로 점점 더 풍성하
> 게 하사 10너희로 지극히 선한 것을 분별하며 또 진실하
> 여 허물 없이 그리스도의 날까지 이르고 11예수 그리스
> 도로 말미암아 의의 열매가 가득하여 하나님의 영광과
> 찬송이 되기를 원하노라 (빌 1:8-11)

3. 뜨거운 열정있는 기도가 있어야 한다.

부흥하는 분위기 조성을 위해서 뜨겁게 찬양하며 말씀을 사모하고 모이기를 힘쓰며, 기도하는 무리가 많아야 한다. 지금도 열심히 하고 있지만, 현재보다 더 뜨거운 기도가 있어야 하겠다. 교회적으로나, 개인적으로나 지금은 뜨겁게 기도할 시기이다.

간절하게 기도하는 자에게 주어진 응답을 서로 나눠 보고 성경에서 그 사건을 찾아보자.

출 14:21-28, 행 16:25-34을 읽고 그 말씀 속에서 주시는 의미를 생각해 봅시다.

> 21모세가 바다 위로 손을 내밀매 여호와께서 큰 동풍이
> 밤새도록 바닷물을 물러가게 하시니 물이 갈라져 바다
> 가 마른 땅이 된지라 22이스라엘 자손이 바다 가운데를
> 육지로 걸어가고 물은 그들의 좌우에 벽이 되니 23애굽
> 사람들과 바로의 말들, 병거들과 그 마병들이 다 그들의
> 뒤를 추격하여 바다 가운데로 들어오는지라 24새벽에
> 여호와께서 불과 구름 기둥 가운데서 애굽 군대를 보시
> 고 애굽 군대를 어지럽게 하시며 25그들의 병거 바퀴를
> 벗겨서 달리기가 어렵게 하시니 애굽 사람들이 이르되
> 이스라엘 앞에서 우리가 도망하자 여호와가 그들을 위
> 하여 싸워 애굽 사람들을 치는도다 26여호와께서 모세
> 에게 이르시되 네 손을 바다 위로 내밀어 물이 애굽 사
> 람들과 그들의 병거들과 마병들 위에 다시 흐르게 하라
> 하시니 27모세가 곧 손을 바다 위로 내밀매 새벽이 되어
> 바다의 힘이 회복된지라 애굽 사람들이 물을 거슬러 도
> 망하나 여호와께서 애굽 사람들을 바다 가운데 엎으시
> 니 28물이 다시 흘러 병거들과 기병들을 덮되 그들의 뒤
> 를 따라 바다에 들어간 바로의 군대를 다 덮으니 하나
> 도 남지 아니하였더라 (출 14:21-28)

[25]한밤중에 바울과 실라가 기도하고 하나님을 찬송하매
죄수들이 듣더라 [26]이에 갑자기 큰 지진이 나서 옥터가
움직이고 문이 곧 다 열리며 모든 사람의 매인 것이 다
벗어진지라 [27]간수가 자다가 깨어 옥문들이 열린 것을
보고 죄수들이 도망한 줄 생각하고 칼을 빼어 자결하려
하거늘 [28]바울이 크게 소리 질러 이르되 네 몸을 상하지
말라 우리가 다 여기 있노라 하니 [29]간수가 등불을 달라
고 하며 뛰어 들어가 무서워 떨며 바울과 실라 앞에 엎
드리고 [30]그들을 데리고 나가 이르되 선생들이여 내가
어떻게 하여야 구원을 받으리이까 하거늘 [31]이르되 주
예수를 믿으라 그리하면 너와 네 집이 구원을 받으리라
하고 [32]주의 말씀을 그 사람과 그 집에 있는 모든 사람에
게 전하더라 [33]그 밤 그 시각에 간수가 그들을 데려다가
그 맞은 자리를 씻어 주고 자기와 그 온 가족이 다 세례
를 받은 후 [34]그들을 데리고 자기 집에 올라가서 음식을
차려 주고 그와 온 집안이 하나님을 믿으므로 크게 기
뻐하니라 (행 16:25-34)

4. 기도하며 충성과 봉사를 하는 분위기가 있어야 한다.

자기에게 주어진 일이나 자원하는 일을 누군가 알아주지 않아도 얼굴없이 충성과 봉사를 하는 분위기가 필요하다.

그렇다면 우리가 어떤 자세로 충성과 봉사할 때 부흥하는 분위기가 될 수 있겠는가?

성경은 우리에게 여러 가지 모양으로 아름다운 모습을 제시해 준다.

너희가 진리를 순종함으로 너희 영혼을 깨끗하게 하여 거짓이 없이 형제를 사랑하기에 이르렀으니 마음으로 뜨겁게 서로 사랑하라 (벧전 1:22)

마리아는 지극히 비싼 향유 곧 순전한 나드 한 근을 가져다가 예수의 발에 붓고 자기 머리털로 그의 발을 닦으니 향유 냄새가 집에 가득하더라 (요 12:3)

[2]마음을 같이하여 같은 사랑을 가지고 뜻을 합하며 한 마음을 품어 [3]아무 일에든지 다툼이나 허영으로 하지 말고 오직 겸손한 마음으로 각각 자기보다 남을 낫게 여기고 [4]각각 자기 일을 돌볼뿐더러 또한 각각 다른 사람들의 일을 돌보아 나의 기쁨을 충만하게 하라

(빌 2:2-4)

분명한 사실은 상호간에 기도하며 충성과 봉사하면, 교회와 개인은 부흥한다는 것이다.

사람은 분위기를 탄다. 지금의 분위기를 상승시켜 보다 나은 영적 분위기, 은혜 분위기를 조성하자.

♣ 나눔의 시간 갖기

1. 오늘 말씀을 중심으로 삶에 적용해 보세요.

Memo

Memo

2. 기도

사랑의 하나님 오늘

예수님의 이름으로 기도드립니다. 아멘

3. 광고

①

②

③

4. 차시예고 (다음 구역공과 은혜시간에 중보기도 요청 내용과 감사의 기도 내용을 미리 공과에 적어오세요.)

5. 주기도문

07

열조에게서 배우는 기도

13너희 중에 고난 당하는 자가 있느냐 그는 기도할 것이요 즐거워하는 자
가 있느냐 그는 찬송할지니라 14너희 중에 병든 자가 있느냐 그는 교회의
장로들을 청할 것이요 그들은 주의 이름으로 기름을 바르며 그를 위하여
기도할지니라 15믿음의 기도는 병든 자를 구원하리니 주께서 그를 일으키
시리라 혹시 죄를 범하였을지라도 사하심을 받으리라 16그러므로 너희 죄
를 서로 고백하며 병이 낫기를 위하여 서로 기도하라 의인의 간구는 역사
하는 힘이 큼이니라 17엘리야는 우리와 성정이 같은 사람이로되 그가 비
가 오지 않기를 간절히 기도한즉 삼 년 육 개월 동안 땅에 비가 오지 아니
하고 18다시 기도하니 하늘이 비를 주고 땅이 열매를 맺었느니라

(약 5:13-18)

♣ 마음 나누기

1. 인사 (구역 식구들에게)

① 주님의 이름으로 사랑합니다.

② 당신은 축복의 통로입니다.

③ 당신은 주님의 멋진 동력자입니다.

2. 찬송 (305장 나 같은 죄인 살리신)

(1) 나 같은 죄인 살리신 주 은혜 놀라워
잃었던 생명 찾았고 광명을 얻었네
(2) 큰 죄악에서 건지신 주 은혜 고마워
나 처음 믿은 그 시간 귀하고 귀하다
(3) 이제껏 내가 산 것도 주님의 은혜라
또 나를 장차 본향에 인도해 주시리
(4) 거기서 우리 영원히 주님의 은혜로
해처럼 밝게 살면서 주 찬양 하리라 아멘

3. 기도 (인도자나 기도 순서자가 기도)

사랑의 하나님 오늘 ……………………………………

……………………………………

……………………………………
예수님의 이름으로 기도드립니다. 아멘

4. 중보기도 요청 나누기

① 기도 내용 말하기: ……………………………………

② 감사기도 내용 말하기: ……………………………………

③ 응답기도 내용 말하기: ……………………………………

Memo

사람은 만남이라는 무대속에서 참된 인간성을 회복하거나 말살되는 인간상을 구축하는 두 가지의 길을 제시받는다. 이러한 이유로 인해서 좋은 만남은 인생을 성공으로 이끌어 가는 밧줄이 된다. 우리는 먼저 신앙생활을 위해 좋은 스승을 만나야 하겠다. 두 번째 좋은 동료를 만나야 한다. 끝으로 좋은 후배를 만나야 한다.

〈내게 능력 주시는 분〉

트루먼 대통령이 은퇴 후, 고향의 아이들과 나눈 대화이다.

"대통령께서는 어릴 때부터 사랑받고 똑똑한 사람이셨어요?"

"아니란다. 눈이 너무 나빠 잘 보지도 못했으며, 공부도 운동도 별로 잘하는 것이 없었단다. 거기에다가 또 겁쟁이였고."

"예, 진짜요? 그런데 어떻게 미국의 훌륭하신 대통령이 되셨어요?"

"하나님께서는 못하실 일이 없으시다는 성경말씀을 믿었지. 모든 일에 하나님만 의지하고 기도하며, 끝까지 최선을 다해 노력했단다."

우리의 신앙을 세우기 위해서 오늘 이 시간에도 기도에 대한 신앙의 스승을 만나는 자리를 만들어 보려 한다.

1. 모세의 성공적인 중보기도를 배우자.(출 17:8-16)

아말렉과 이스라엘이 르비딤에서 전쟁을 할 때, 산 꼭대기에서 모세가 손을 들고 기도하면, 이스라엘이 승리하고, 손이 내려가면 아말렉이 승리하는 일이 반복되었다. 이때에 아론과 훌이 모세의 손을 붙잡아 줌으로써 전쟁을 승리로 이끌었다. 이로 미루어 볼 때, 우리의 기도가 어떠한 공동체의 문제를 해결할 수 있다는 가능성을 볼 수 있다. 가정이나, 교회, 국가의 문제를 놓고 간절히 기도한다면 하나님은 응답해 주신다. 우리가 연약해서 기도할 수 없을 때 말할 수 없는 탄식으로 기도해 주시는 분은 누구인가?

> 26이와 같이 성령도 우리의 연약함을 도우시나니 우리는 마땅히 기도할 바를 알지 못하나 오직 성령이 말할 수 없는 탄식으로 우리를 위하여 친히 간구하시느니라
> 27마음을 살피시는 이가 성령의 생각을 아시나니 이는 성령이 하나님의 뜻대로 성도를 위하여 간구하심이니라 (롬 8:26-27)

2. 히스기야의 울부짖는 기도를 배우자.(왕하 20:1-6)

히스기야 왕이 병들어 죽게 되었을 때 얼굴을 벽으로 향하여 통곡하며 기도하였다. 결국 하나님은 "네 기도를 들었고 네 눈물을 보았노라 내가 너를 낫게 하리니"라는 말씀으로 응답하였다. 문제가 있을 때 눈물로 울부짖는 기도를 하면 주님은 분명히 응답하신다. 만약에 신앙생활을 하면서 울부짖는 눈물의 기도가 한번도 없었다면 각성해야 한다. 성경에서는 어떤 때에 울부짖었는가?

> 에스라가 하나님의 성전 앞에 엎드려 울며 기도하여 죄를 자복할 때에 많은 백성이 크게 통곡하매 이스라엘 중에서 백성의 남녀와 어린 아이의 큰 무리가 그 앞에

모인지라 (스 10:1)

백성이 율법의 말씀을 듣고 다 우는지라 총독 느헤미야와 제사장 겸 학사 에스라와 백성을 가르치는 레위 사람들이 모든 백성에게 이르기를 오늘은 너희 하나님 여호와의 성일이니 슬퍼하지 말며 울지 말라 하고 (느 8:9)

환난 날에 나를 부르라 내가 너를 건지리니 네가 나를 영화롭게 하리로다 (시 50:15)

내가 날이 밝기 전에 부르짖으며 주의 말씀을 바랐사오며 (시 119:147)

3. 스데반의 기도를 배우자.(행 7:54-60)

스데반은 강퍅한 유대인들을 향하여 주의 복음을 전하다가 돌에 맞아 순교하면서 마지막으로 "주여 이 죄를 그들에게 돌리지 마옵소서"라는 간절한 기도를 하였다. 성도들은 복음 전도를 위해서 빚어지는 숱한 모욕과 천대를 상급으로 여길 줄 알아야 한다. 스데반처럼 우리를 핍박하는 자들을 불쌍히 여길 수 있는 마음 가짐과 기도의 자세가 있어야 한다. 왜냐하면 그들은 주의 진리를 알지 못하기 때문이다. 하나님은 우리에게 이 세상에서 어떤 모습으로 신앙생활을 하기를 원하시는가?

예수께서 그들의 생각을 아시고 손 마른 사람에게 이르시되 일어나 한가운데 서라 하시니 그가 일어나 서거늘 (눅 6:8)

이것을 너희에게 이르는 것은 너희로 내 안에서 평안을 누리게 하려 함이라 세상에서는 너희가 환난을 당하나 담대하라 내가 세상을 이기었노라 (요 16:33)

4. 환경을 극복한 바울의 기도를 배우자. (행 16:25-34)

바울과 실라가 빌립보 감옥에 갇혀 있을 때 기도와 찬송으로 옥문을 열었던 역사가 있었다. 우리에게 주어지는 악조건의 환경은 왜 필요하겠는가?

> [3]다만 이뿐 아니라 우리가 환난 중에도 즐거워하나니 이는 환난은 인내를, [4]인내는 연단을, 연단은 소망을 이루는 줄 앎이로다 (롬 5:3-4)

> 생각하건대 현재의 고난은 장차 우리에게 나타날 영광과 비교할 수 없도다 (롬 8:18)

우리에게 주어지는 환경이 어렵고 극복하기 힘들 때 기도하면서 찬송하는 생활이 있어야 하겠다. 마음의 위로를 위해서가 아니라 환경을 변화시키기 위해서 기도하자. 현재의 어려운 환경을 극복하기 위해서 바울의 기도를 배우자.

♣ 나눔의 시간 갖기

Memo

1. 오늘 말씀을 중심으로 삶에 적용해 보세요.

2. 기도

사랑의 하나님 오늘

예수님의 이름으로 기도드립니다 아멘

3. 광고

①

②

③

4. 차시예고 (다음 구역공과 은혜시간에 중보기도 요청 내용과 감사의 기도 내용을 미리 공과에 적어오세요.)

5. 주기도문

08

신자와 감사신앙

1여호와께 감사하라 그는 선하시며 그의 인자하심이 영원함이로다 2이제
이스라엘은 말하기를 그의 인자하심이 영원하다 할지로다 3이제 아론의
집은 말하기를 그의 인자하심이 영원하다 할지로다 4이제 여호와를 경외
하는 자는 말하기를 그의 인자하심이 영원하다 할지로다 5내가 고통 중에
여호와께 부르짖었더니 여호와께서 응답하시고 나를 넓은 곳에 세우셨도
다 6여호와는 내 편이시라 내가 두려워하지 아니하리니 사람이 내게 어찌
할까 7여호와께서 내 편이 되사 나를 돕는 자들 중에 계시니 그러므로 나
를 미워하는 자들에게 보응하시는 것을 내가 보리로다 8여호와께 피하는
것이 사람을 신뢰하는 것보다 나으며 9여호와께 피하는 것이 고관들을 신
뢰하는 것보다 낫도다 10뭇 나라가 나를 에워쌌으니 내가 여호와의 이름
으로 그들을 끊으리로다 11그들이 나를 에워싸고 에워쌌으니 내가 여호와
의 이름으로 그들을 끊으리로다 12그들이 벌들처럼 나를 에워쌌으나 가시
덤불의 불 같이 타 없어졌나니 내가 여호와의 이름으로 그들을 끊으리로
다 13너는 나를 밀쳐 넘어뜨리려 하였으나 여호와께서는 나를 도우셨도다
14여호와는 나의 능력과 찬송이시요 또 나의 구원이 되셨도다 15의인들의
장막에는 기쁜 소리, 구원의 소리가 있음이여 여호와의 오른손이 권능을
베푸시며 16여호와의 오른손이 높이 들렸으며 여호와의 오른손이 권능을
베푸시는도다 17내가 죽지 않고 살아서 여호와께서 하시는 일을 선포하리
로다 (시 118:1-17)

♣ 마음 나누기

1. 인사 (구역 식구들에게)

① 당신은 복 받을 사람입니다.

② 당신은 사랑받기 위해 태어난 사람입니다.

③ 당신은 주님의 멋진 형제(자매)입니다.

2. 찬송 (336장 환난과 핍박 중에도)

(1) 환난과 핍박 중에도 성도는 신앙지켰네 이 신앙 생각 할때에
기쁨이 충만하도다 성도의 신앙따라서 죽도록 충성 하겠네
(2) 옥중에 매인 성도나 양심은 자유얻었네 우리도 고난 받으면
죽어도 영광 되도다 성도의 신앙 따라서 죽도록 충성 하겠네
(3) 성도의 신앙 본받아 원수도 사랑하겠네 인자한 언어 행실로
이 신앙 전파하리라 성도의 신앙 따라서 죽도록 충성 하겠네 아멘

3. 기도 (인도자나 기도 순서자가 기도)

4. 중보기도 요청 나누기

① 기도 내용 말하기:

② 감사기도 내용 말하기:

③ 응답기도 내용 말하기:

Memo

성경은 다른 경전과는 달리 '감사' 란 말이 많이 나온다. 그러므로 기독교를 감사의 종교라고도 한다.

감사란 말의 히브리 원어는 '바라크' 라고 한다. 이는 축복, 은혜란 말의 의미가 있다. 헬라어로는 '카리스' 란 말로 이 말의 의미는 은혜란 말과 동의어이다. 다시 말해서 감사란 은혜를 받은 자가 은혜를 베푼자에게 고마움을 보답하는 양으로 마음과 행동, 그리고 입술로 표현하는 것이라 할 수 있다.

〈불평을 없애려면〉

'헬렌 켈러' 여사는 2살 때부터 시각, 청각을 모두 잃었다. 그러나 그녀는 이를 극복하고 세계적인 강연가, 문학가가 되었다.

그녀는 그녀의 책인 '낙천주의' 에서 이렇게 말했다.

"우리가 불평을 하기 시작하면 더 많은 불평이 생기며, 어려움을 참고 감사하면 불평은 없어집니다."

시편기자는 파란곡절의 환난을 많이 겪은 자이다. 그럴때마다 시편기자는 하나님을 의지했고, 하나님의 도우심을 받았다. 수많은 역경을 통해 하나님의 도우심을 입은 그는 이런 체험을 통해서 감사신앙을 체득하게 되었고, 하나님의 백성들에게 감사신앙의 이유를 설명해 준다.

1. 주님의 인자하심 때문이다.(1절)

'인자' 란 말은 하나님의 속성을 나타내는 대표적인 용어로써 히브리어로는 '헤쎄드' 라 하는데 그 의미는 '한결같은 사랑' 이라고 할 수 있다.

우리가 주님께 감사신앙을 가질 중요한 이유가 여기에 있다. 인간의 사랑은 조건적이고, 이기적이며, 상대적이기 쉽지만, 인간에 대한 하나님의 사랑은 영원하시고 한결같기 때문이다.

요 13:1을 읽고 말씀의 의미를 생각해 봅시다.

> 유월절 전에 예수께서 자기가 세상을 떠나 아버지께로 돌아가실 때가 이른 줄 아시고 세상에 있는 자기 사람들을 사랑하시되 끝까지 사랑하시니라 (요 13:1)

2. 기도응답을 주신다.(5절)

우리가 믿는 하나님은 우리에게 기도의 법칙을 가르쳐 주시면서 우리가 어떤 필요와 어려움을 당할 때마다 감사하면서 기도하면 응답을 주시려고 약속하셨다. 감사신앙에는 기적이 일어나고 문제의 해결역사가 있다.

빌 4:6-7, 시 26:6-7을 읽고 말씀의 의미를 생각해 봅시다.

> 6아무 것도 염려하지 말고 다만 모든 일에 기도와 간구로, 너희 구할 것을 감사함으로 하나님께 아뢰라 7그리하면 모든 지각에 뛰어난 하나님의 평강이 그리스도 예수 안에서 너희 마음과 생각을 지키시리라 (빌 4:6-7)

> 6여호와여 내가 무죄하므로 손을 씻고 주의 제단에 두루 다니며 7감사의 소리를 들려 주고 주의 기이한 모든 일을 말하리이다 (시 26:6-7)

3. 하나님께서 내 편이 되어 주신다.(6,7절)

사람이 이 세상을 살아가는 데 있어서 혼자만의 힘으로는 역부족일 때가 많고 승리하기 힘들다. 누군가 돕는 자가 필요하다. 우리가 무슨 일을 할 때에 나와 함께 뜻을 같이 하여 큰 일(목표)을 이루고자 돕는 자가 있는 사람은 행복한 사람이다. 그런데 신자가 하나님께 감사할 것은 만군의 주 여호와 하나님, 전능자 하나님께서 친히 우리 편이 되어 주시고 돕는 자가 되어 주심이다. 하나님이 편이 되어 돕는 싸움은 승리가 보장된 싸움임을 기억하라.

삼상 17:45-49을 읽고 다윗과 골리앗의 싸움에서 소년 다윗이 구척장신 골리앗을 이긴 이유를 살펴봅시다.

> 45다윗이 블레셋 사람에게 이르되 너는 칼과 창과 단창
> 으로 내게 나아 오거니와 나는 만군의 여호와의 이름
> 곧 네가 모욕하는 이스라엘 군대의 하나님의 이름으로
> 네게 나아가노라 46오늘 여호와께서 너를 내 손에 넘기
> 시리니 내가 너를 쳐서 네 목을 베고 블레셋 군대의 시
> 체를 오늘 공중의 새와 땅의 들짐승에게 주어 온 땅으
> 로 이스라엘에 하나님이 계신 줄 알게 하겠고 47또 여호
> 와의 구원하심이 칼과 창에 있지 아니함을 이 무리에게
> 알게 하리라 전쟁은 여호와께 속한 것인즉 그가 너희를
> 우리 손에 넘기시리라 48블레셋 사람이 일어나 다윗에
> 게로 마주 가까이 올 때에 다윗이 블레셋 사람을 향하
> 여 빨리 달리며 49손을 주머니에 넣어 돌을 가지고 물매
> 로 던져 블레셋 사람의 이마를 치매 돌이 그의 이마에
> 박히니 땅에 엎드러지니라 (삼상 17:45-49)

4. 하나님이 능력, 찬송, 구원이 되어 주신다.(14절)

시편기자는 환난, 역경중에 있을 때 감사신앙으로 나아갔다. 그랬더니 주님이 그의 능력과 찬송이 되어 주셨고, 구원이 되어 주셔서 승리하게 되었던 것이다. 여기서 '구원' 이란 말은

히브리어의 '예수아' 란 말인데, 이는 어떤 상황에서 '밖으로 이끌어내다' , 또는 '해방시키다' 란 의미가 있다.

사 41:10, 시 118:16-17을 읽고 그 의미를 생각해 봅시다.

> 두려워하지 말라 내가 너와 함께 함이라 놀라지 말라 나는 네 하나님이 됨이라 내가 너를 굳세게 하리라 참으로 너를 도와 주리라 참으로 나의 의로운 오른손으로 너를 붙들리라 (사 41:10)

> 16여호와의 오른손이 높이 들렸으며 여호와의 오른손이
> 권능을 베푸시는도다 17내가 죽지 않고 살아서 여호와
> 께서 하시는 일을 선포하리로다 (시 118:16-17)

신자의 감사신앙 이유는 바로 주님께서 우리 문제의 해방자시요, 구원자이시라는데 있다. 그러므로 당신이 예수를 믿고 그분의 능력을 의지하며 감사신앙을 가지고 찬송하면서 인생의 걸음을 한 걸음씩 앞으로 걸어 나가면 주님은 당신 문제의 해결자가 되어 주실 것이다.

♣ 나눔의 시간 갖기

Memo

1. 오늘 말씀을 중심으로 삶에 적용해 보세요.

2. 기도

사랑의 하나님 오늘

예수님의 이름으로 기도드립니다. 아멘

3. 광고

①

②

③

4. 차시예고 (다음 구역공과 은혜시간에 중보기도 요청 내용과 감사의 기도 내용을 미리 공과에 적어오세요.)

5. 주기도문

09

범사에 감사하라

16항상 기뻐하라 17쉬지 말고 기도하라 18범사에 감사하라 이것이 그리스도
예수 안에서 너희를 향하신 하나님의 뜻이니라 (살전 5:16-18)

♣ 마음 나누기

1. 인사 (구역 식구들에게)

① 당신은 오늘 건강해 보이십니다.

② 당신과 함께하여 기쁩니다.

③ 당신은 은혜가 풍성한 사람입니다.

2. 찬송 (540장 주의 음성을 내가 들으니)

(1) 주의 음성을 내가 들으니 사랑한단 말일세
믿는 맘으로 주께 가오니 나를 영접하소서
(2) 주여 넓으신 은혜 베푸사 나를 받아 주시고
나의 품은 뜻 주의 뜻 같이 되게 하여 주소서
(3) 주의 보좌로 나아갈 때에 어찌아니 기쁠까
주의 얼굴을 항상 뵈오니 더욱 친근합니다
(4) 우리 구주의 넓은 사랑을 측량 할자 없으며
주가 주시는 참된 기쁨도 헤아릴 수 없도다
(후렴) 내가 매일 십자가 앞에 더 가까이 가오니
구세주의 흘린 보배피로써 나를 정케 하소서 아멘

3. 기도 (인도자나 기도 순서자가 기도)

사랑의 하나님 오늘

....

....

예수님의 이름으로 기도드립니다. 아멘

4. 중보기도 요청 나누기

① 기도 내용 말하기: ....

② 감사기도 내용 말하기: ....

③ 응답기도 내용 말하기: ....

임박한 환난을 목전에 두고 있던 데살로니가 교회(살전 3:4 참고)는 여러 가지 면에서 많은 고통을 당하고 있었다. 바울 사도는 시련 중에 있는 신자들을 격려하기 위하여 본서를 기록하면서, 지금은 비록 시련을 당하지만 장래 우리를 건지실 주님의 재림이 얼마 남지 않았으니 기다리면서 믿음을 굳게 하도록 권면한다. 바울은 여기서 주의 재림을 기다리는 성도에 대한 세 가지 하나님의 뜻을 가르쳐 준다. 첫째는 '항상 기뻐하라'는 것이고, 둘째는 '쉬지 말고 기도하라'는 것이며, 셋째는 '범사에 감사하라'는 것이다.

〈나는 너보다 더 감사하구나!〉

서로 다른 교회를 섬기는 부자(父子) 목사가 한 집에서 살았다. 어느 주일 저녁, 아들 목사는 평소보다 30분이나 늦게 집에 도착했다.

"아버지, 하나님의 은혜가 얼마나 큰 지요. 저녁 예배를 마치고 돌아 오는데, 반대편에서 마주 오던 차가 중앙선을 넘어와 자칫 잘못했으면 정면충돌로 큰 사고가 날 뻔 했습니다. 핸들을 갑자기 꺾는 통에 차가 한 바퀴나 돌았습니다. 옆에 다른 차가 없어서 얼마나 감사한지요."

"그래, 정말로 감사한 일이구나. 가만히 생각해 보니 나는 너보다 더 감사하구나."

"예? 그럼 아버지도?"

"아니다. 아무런 사고 없이 잘 다녀왔으니 더욱 감사하지 않니?"

우리는 편안할 때에는 곧잘 감사함을 잊고 산다.

'범사' 라는 말은 헬라어의 '엔 판티' 라는 말인데, 이는 '모든 일에 있어서' 라는 의미를 가지고 있다. 그리스도인들은 세상 사람들과는 달리 자기에게 처한 모든 상황에 대하여 하나님께 감사하는 삶을 가져야 한다는 의미인 것이다. 그렇다면 우리가 '범사에 감사' 할 수 있는 이유는 무엇일까에 대하여 생각해 보자.

1. 주님은 구원자이시기 때문이다.

이 세상에서 가장 중요한 것은 재물도, 명예도 아니고, 생명이다. 생명의 고귀함은 세상의 모든 것을 다 얻었다고 할지라도 생명을 잃고 나면 그 얻은 모든 것이 수포로 돌아가고 말 것이기 때문이다.

주님께서는 죄악으로 인하여 영원히 지옥 형벌에 고통당하고 죽을 수밖에 없는 우리를 구원해 주시고, 영원한 생명을 주셨다. 그렇다면 신자가 세상을 살아가면서 세상의 환경에 구애됨이 없이 항상 주님께 감사할 수 있는 것이다. 신앙인의 감사는 환경과 형편을 초월하여 드려지는 감사이다.

> [3]전에는 우리도 다 그 가운데서 우리 육체의 욕심을 따라 지내며 육체와 마음의 원하는 것을 하여 다른 이들과 같이 본질상 진노의 자녀이었더니 [4]긍휼이 풍성하신 하나님이 우리를 사랑하신 그 큰 사랑을 인하여
>
> (엡 2:3-4)

2. 만사에 주님의 뜻이 숨겨져있기 때문이다.

이 세상에는 우연으로 되는 것처럼 보이는 일들이 우리들 주변에서 종종 일어난다. 그러나 이 세상에는 우연히 되는 일

들은 하나도 없다. 만사는 하나님의 섭리적 역사에 의해서 되어지는 것이다. '만사에는 하나님의 뜻이 숨기워 있다' 는 말을 신의사관(神意史觀)이라고 한다. 신자가 만사에 신의사관의 신앙을 확신하고 있다면 어떤 사건 앞에서도 범사에 감사신앙을 가질 수 있다.

> 이는 순찰자들의 명령대로요 거룩한 자들의 말대로이니 지극히 높으신 이가 사람의 나라를 다스리시며 자기의 뜻대로 그것을 누구에게든지 주시며 또 지극히 천한 자를 그 위에 세우시는 줄을 사람들이 알게 하려 함이라 하였느니라 (단 4:17)

3. 하나님은 환난도 축복으로 바꾸실 수 있기 때문이다.

우리가 믿는 하나님은 전지전능하신 분이시다. 그분이 한번 작정하시면 어떤 일이든지 못 이룰 것이 없는 분이시다. 그러므로 우리에게 때때로 어떤 환난이나 시련이 온다고 할지라도 우리가 믿음으로 나아가면 하나님은 그 모든 문제들을 축복으로 바꾸실 수 있다. 신자가 범사에 감사할 수 있는 이유가 여기에 있다. 똑같은 환경이라도 범사에 감사하는 사람에게는 환난이 축복으로 바꾸어지지만, 낙심, 절망, 불평하는 사람에게는 시련의 문제가 된다.

> 우리가 알거니와 하나님을 사랑하는 자 곧 그의 뜻대로 부르심을 입은 자들에게는 모든 것이 합력하여 선을 이루느니라 (롬 8:28)

> 4요셉이 형들에게 이르되 내게로 가까이 오소서 그들이 가까이 가니 이르되 나는 당신들의 아우 요셉이니 당신

들이 애굽에 판 자라 [5]당신들이 나를 이 곳에 팔았다고
해서 근심하지 마소서 한탄하지 마소서 하나님이 생명
을 구원하시려고 나를 당신들보다 먼저 보내셨나이다
(창 45:4-5)

4. 범사에 감사할 때 이적이 일어난다.

기독교는 기적의 종교이다. 요 6:9-13을 읽고 예수님의 오병이어의 이적과 감사신앙에 대하여 살펴봅시다.

[9]여기 한 아이가 있어 보리떡 다섯 개와 물고기 두 마리
를 가지고 있나이다 그러나 그것이 이 많은 사람에게
얼마나 되겠사옵나이까 [10]예수께서 이르시되 이 사람들
로 앉게 하라 하시니 그 곳에 잔디가 많은지라 사람들
이 앉으니 수가 오천 명쯤 되더라 [11]예수께서 떡을 가져
축사하신 후에 앉아 있는 자들에게 나눠 주시고 물고기
도 그렇게 그들의 원대로 주시니라 [12]그들이 배부른 후
에 예수께서 제자들에게 이르시되 남은 조각을 거두고
버리는 것이 없게 하라 하시므로 [13]이에 거두니 보리떡
다섯 개로 먹고 남은 조각이 열두 바구니에 찼더라
(요 6:9-13)

신자가 범사에 감사할 수 있는 중요한 이유 중에 하나는 범사에 감사하는 삶을 통해서 이적을 체험하는 삶을 누리게 된다는 사실 때문이다. 당신의 삶을 통하여 범사에 감사하는 삶을 지속시키라. 조그마한 문제 앞에서도 어찌할 바를 모르고 낙심과 절망하는 신자가 되지 말고, 범사에 감사하여 기적을 체험하는 삶을 살아보도록 하자.

♣ 나눔의 시간 갖기

Memo

1. 오늘 말씀을 중심으로 삶에 적용해 보세요.

2. 기도

사랑의 하나님 오늘

예수님의 이름으로 기도드립니다. 아멘

3. 광고

①

②

③

4. 차시예고 (다음 구역공과 은혜시간에 중보기도 요청 내용과 감사의 기도 내용을 미리 공과에 적어오세요.)

5. 주기도문

10

여호와께 감사하라

1여호와께 감사하라 그는 선하시며 그 인자하심이 영원함이로다 2여호와
의 속량을 받은 자들은 이같이 말할지어다 여호와께서 대적의 손에서 그
들을 속량하사 3동서 남북 각 지방에서부터 모으셨도다 4그들이 광야 사
막 길에서 방황하며 거주할 성읍을 찾지 못하고 5주리고 목이 말라 그들
의 영혼이 그들 안에서 피곤하였도다 6이에 그들이 근심 중에 여호와께
부르짖으매 그들의 고통에서 건지시고 7또 바른 길로 인도하사 거주할 성
읍에 이르게 하셨도다 (시 107:1-7)

♣ 마음 나누기

1. 인사 (구역 식구들에게)

① 당신은 주님의 일꾼입니다.

② 당신은 주님의 충성된 종입니다.

③ 당신은 오늘 행복의 주인공입니다.

2. 찬송 (524장 갈길을 밝히 보이시니)

(1) 갈길을 밝히 보이시니 주 앞에 빨리 나갑시다
우리를 찾는 구주 예수 곧 오라하시네

(2) 우리를 오라 하시는말 기쁘게 듣고 순종하세
구주를 믿기 지체 말고 속속히 나가세

(3) 주 오늘 여기 계시오니 다와서 주의 말씀 듣세
듣기도하며 생각하니 참 진리 시로다

(후렴) 죄악 벗은 우리 영혼은 기뻐 뛰며 주를 보겠네
하늘에 계신 주 예수를 영원히 섬기리

3. 기도 (인도자나 기도 순서자가 기도)

사랑의 하나님 오늘 ……………………………………………

……………………………………………………………

……………………………………………………………

예수님의 이름으로 기도드립니다. 아멘

4. 중보기도 요청 나누기

① 기도 내용 말하기: ……………………………

② 감사기도 내용 말하기: ……………………………

③ 응답기도 내용 말하기: ……………………………

이스라엘의 역사는 하나님의 구원 역사이고, 백성들의 반역사(叛逆史)이기도 하다. 하나님은 백성들이 하나님께 대하여 반역을 했을 때는 이웃의 대적을 동원하여 이스라엘 백성을 치셨다. 이스라엘 백성들은 수많은 고통을 체험한 사람들이고, 대적들의 포로로 잡혀서 고통을 당한 민족이기도 하다. 시편 107편은 이스라엘 사람들이 바벨론 포로에서 구원받아 해방되어 귀국한 일에 대하여 여호와 하나님께 감사한 시로써, 오늘날 신자들의 감사신앙의 이유를 가르쳐 준다.

〈목숨을 살린 밀 죽〉

병원도 없는 오지에서 선교사가 중병에 걸렸다. 하필 선교 지원금도 미뤄지고 있었다. 말할 수 없는 고통의 연속이었다. 밀가루를 아끼기 위해 죽을 쑤어서 깡통 우유와 함께 간신히 한 달을 버텼다. 다행히 그 와중에서도 몸은 조금씩 회복 되어가고 있었다.

한 달 후, 도착한 지원금으로 모처럼 식탁을 풍성하게 차릴 수 있었다.

그 선교사에게 당시의 형편을 들은 의사가 말했다.

"선교사님, 하나님께 감사하십시오. 선교사님의 병은 소화기 계통의 병이었고, 그럴 경우 의사들은 대개 한 달간 밀 죽만 먹을 것을 권한답니다. 만약 선교 지원금이 제날짜에 도착했더라면 선교사님은 지금쯤 아마 중환자실에 계실 것입니다."

우리 성도들이 왜 감사해야 하는지 살펴보자. 하나님께서 우리가 감사해야할 이유로 어떤 은혜를 주셨는지 살펴보자.

1. 주님의 선하심과 인자하심 때문이다.(1절)

우리가 믿는 하나님은 사랑과 은혜가 많으신 분이시다. 그러므로 주님은 우리가 범죄하였을 때는 징계하시지만, 우리가 회개하면 언제든지 용서해 주시고, 받아 주신다. 이스라엘 백성들은 비록 범죄함으로 바벨론에 포로가 되어있지만 하나님의 인자하심은 저들을 구원하셨으니, 감사할 것 외에 다른 아무것도 없다. 오늘날도 하나님은 자기 백성들을 구원하시기를 기뻐하신다.

시 107:2-3을 읽고, 주님의 은혜와 사랑을 생각하여 봅시다.

> [2]여호와의 속량을 받은 자들은 이같이 말할지어다 여호와께서 대적의 손에서 그들을 속량하사 [3]동서 남북 각 지방에서부터 모으셨도다 (시 107:2-3)

2. 바른 길로 인도하여 주심 때문이다.

광야 사막 길은 이스라엘 백성들에게 고통을 주는 길이었다. 사막 길에는 먹을 양식도 없으며, 물도 귀하고, 무엇보다도 한번 길을 잃으면 방향 감각이 없어져서 결국에는 길을 잃고 헤매다가 죽을 수밖에 없게 된다. 이런 이유로 해서 광야 사막 길을 가는 사람은 길 안내자의 도움이 필요하다.

이 세상은 광야 사막 길과 같다. 그러므로 인생에 있어서 참된 안내자가 없는 사람은 사막을 만나서 길을 잃어버린 자와 같이 인생에서 방황할 수밖에 없게 된다. 당신이 인생길에서 광야 사막과 같은 길을 만났는가? 그렇다면 인생에 참된 길 안내자가 필요하다. 주님은 감사하며 기도하면서 살아가는 사람에게 인생의 참된 안내자를 보내 주신다.

> [4]그들이 광야 사막 길에서 방황하며 거주할 성읍을 찾
> 지 못하고 [5]주리고 목이 말라 그들의 영혼이 그들 안에
> 서 피곤하였도다 [6]이에 그들이 근심 중에 여호와께 부
> 르짖으매 그들의 고통에서 건지시고 [7]또 바른 길로 인
> 도하사 거주할 성읍에 이르게 하셨도다 (시 107:4-7)

> [1]너희는 마음에 근심하지 말라 하나님을 믿으니 또 나
> 를 믿으라 [6]예수께서 이르시되 내가 곧 길이요 진리요
> 생명이니 나로 말미암지 않고는 아버지께로 올 자가 없
> 느니라 (요 14:1, 6)

3. 사망의 줄을 끊어 주시기 때문이다.

이스라엘 사람들은 전쟁에 패하여서 잡혀갈 때 오랏줄에 매여서 끌려간 경험이 있는 사람들이다. 밧줄은 영적으로 마귀의 사망줄을 의미한다. 여기에 신자가 걸리게 되면 우리는 실패할 수밖에 없는 것이고, 망할 수밖에 없는 것이다. 그러므로 신자가 신앙에 승리하려면 내게 얽매이고 있는 사망의 오랏줄을 끊어 버려야 한다. 감사신앙에는 사망의 줄을 끊는 능력이 있다. 당신 앞에 있는 사망의 오랏줄을 감사신앙으로 기도하여 끊어 버리고 신앙의 승리자가 되도록 하라.

> [13]이에 그들이 그 환난 중에 여호와께 부르짖으매 그들
> 의 고통에서 구원하시되 [14]흑암과 사망의 그늘에서 인
> 도하여 내시고 그들의 얽어 맨 줄을 끊으셨도다
> (시 107:13-14)

4. 위경에서 견져 주신다.

신자가 인생길을 가다가보면 평안한 길만 있는 것이 아니라, 환난과 역경을 만나기도 하고, 위경을 만나기도 한다. 그러

나 신자가 감사신앙으로 부르짖어 기도하면 하나님은 우리를 위경으로부터 건져 주신다. 그러므로 원수 마귀를 만나 위경을 당하여 고통당할 때 부르짖어 기도하는 자가 되라.

시 107:19-20을 읽고 말씀의 의미를 생각해 봅시다.

> 19이에 그들이 그들의 고통 때문에 여호와께 부르짖으
> 매 그가 그들의 고통에서 그들을 구원하시되 20그가 그
> 의 말씀을 보내어 그들을 고치시고 위험한 지경에서 건
> 지시는도다 (시 107:19-20)

5. 소원의 항구로 인도해 주신다.

바다는 세상을 의미하고, 광풍은 인생길에서 뜻하지 않게 만나는 여러 가지 온갖 재난들을 의미한다. 우리가 세상을 살아갈 때에 소원을 가지고 살아가게 될 것이다. 그러나 문제는 소원을 가지고 살아갈지라도 뜻하지 않게 재난을 만날 수도 있음이다. 이럴 때 신자는 어떻게 할 것인가?

> 28이에 그들이 그들의 고통 때문에 여호와께 부르짖으
> 매 그가 그들의 고통에서 그들을 인도하여 내시고 29광
> 풍을 고요하게 하사 물결도 잔잔하게 하시는도다 30그
> 들이 평온함으로 말미암아 기뻐하는 중에 여호와께서
> 그들이 바라는 항구로 인도하시는도다 (시 107:28-30)

주님 앞에서 감사신앙을 가지고 기도하며 나아가야 한다. 그리하면 하나님께서는 평안한 가운데 소원을 성취하게 해 주신다.

♣ 나눔의 시간 갖기

Memo

1. 오늘 말씀을 중심으로 삶에 적용해 보세요.

2. 기도

사랑의 하나님, 오늘

예수님의 이름으로 기도드립니다. 아멘

3. 광고

①

②

③

4. 차시예고 (다음 구역공과 은혜시간에 중보기도 요청 내용과 감사의 기도 내용을 미리 공과에 적어오세요.)

5. 주기도문

11

감사와 기도응답

40예수께서 이르시되 내 말이 네가 믿으면 하나님의 영광을 보리라 하지
아니하였느냐 하시니 41돌을 옮겨 놓으니 예수께서 눈을 들어 우러러 보
시고 이르시되 아버지여 내 말을 들으신 것을 감사하나이다 42항상 내 말
을 들으시는 줄을 내가 알았나이다 그러나 이 말씀 하옵는 것은 둘러선
무리를 위함이니 곧 아버지께서 나를 보내신 것을 그들로 믿게 하려 함이
니이다 43이 말씀을 하시고 큰 소리로 나사로야 나오라 부르시니 44죽은 자
가 수족을 베로 동인 채로 나오는데 그 얼굴은 수건에 싸였더라 예수께서
이르시되 풀어 놓아 다니게 하라 하시니라 (요 11:40-44)

♣ 마음 나누기

1. 인사 (구역 식구들에게)

① 당신은 주님의 사랑의 메신저입니다.

② 당신과 함께하여 행복합니다.

③ 주님의 이름으로 환영합니다.

2. 찬송 (407장 구주와 함께 나 죽었으니)

(1) 구주와 함께 나 죽었으니 구주와 함께 나 살았도다
영광의 그날에 이르도록 언제나 주만 바라봅니다
(2) 맘속에 시험을 받을때와 무거운 근심이 있을때에
주께서 그때도 같이하사 언제나 나를 도와주시네
(3) 뼈아픈 눈물을 흘릴때와 쓰라린 맘으로 탄식할때
주께서 그때도 같이하사 언제나 나를 생각하시네
(4) 내몸의 약함을 아시는 주 못고칠 질병이 아주없네
괴로운 날이나 기쁜때나 언제나 나와 함께 계시네
(후렴) 언제나 주는 날 사랑하사 언제나 새생명 주시나니
영광의 그날에 이르도록 언제나 주만 바라봅니다 아멘

3. 기도 (인도자나 기도 순서자가 기도)

사랑의 하나님 오늘

예수님의 이름으로 기도드립니다. 아멘

4. 중보기도 요청 나누기

① 기도 내용 말하기:

② 감사기도 내용 말하기:

③ 응답기도 내용 말하기:

베다니에 사는 나사로가 병들어 죽은지 이미 나흘이나 되었다. 마르다와 마리아가 빨리 오시기를 요청했지만 늦게 오신 예수님을 보면서 "예수님, 나사로가 이미 죽은지 나흘이나 되었어요. 주께서 여기 계셨더라면 내 오라버니가 죽지 아니하였겠나이다."라며 안타깝게 말했을 때, 예수님은 "네 오라비가 다시 살아나리라, 나는 부활이요 생명이니 나를 믿는 자는 죽어도 살겠고 무릇 살아서 나를 믿는 자는 영원히 죽지 아니하리니라."고 하셨다.

예수님이 무덤으로 가셔서 나사로가 죽은 무덤의 돌문을 열어 놓으라고 하시고, 하나님께서 죽은 나사로를 살리심을 감사하며 기도했을 때 응답과 기적이 나타났다.

〈우산을 들고 기다린 아이〉

몇 개월째 비가 오지 않자 마을 사람들은 교회에 모여 특별 기도회를 갖기로 했다.

7일째가 되던 날, 마침내 비가 쏟아져 내렸다. 사람들은 너무 기뻐서 눈물까지 흘렸다. 그러나 하나님께서 비를 내려주실 것을 믿고 우산을 준비한 한 어린 아이 외에는 모두 비를 흠뻑 맞으면서 집으로 가야했다.

예수님은 아직도 죽어서 무덤에 있는 나사로를 보면서 어떻게 감사로 기도했을까? 이것은 오늘날 이미 이루어져 나타나는 현상만 보고 감사하는 사람들에게 감사기도 자세에 대한 중요한 교훈을 준다.

Memo

1. 응답 결과에 연연하지 말라.(21, 39절)

많은 사람들이 기도를 할 때 기도제목의 응답 결과에 연연하는 모습을 자주본다. 그 결과 응답이 지체되면 낙심, 절망한다. 이런 모습이 마르다와 마리아의 모습이었다. 그러나 신자는 환경과 응답 결과를 초월하는 우주적인 신앙을 소유해야 한다. 신자가 이같이 할 수 있음은 모든 것이 하나님의 주권적 섭리 안에서 이루어지기 때문이다.

단 3:17-18을 읽고 다니엘의 세 친구의 신앙고백을 살펴봅시다.

> 17왕이여 우리가 섬기는 하나님이 계시다면 우리를 맹렬히 타는 풀무불 가운데에서 능히 건져내시겠고 왕의 손에서도 건져내시리이다 18그렇게 하지 아니하실지라도 왕이여 우리가 왕의 신들을 섬기지도 아니하고 왕이 세우신 금 신상에게 절하지도 아니할 줄을 아옵소서
>
> (단 3:17-18)

2. 영광 나타내심을 믿자.(40절)

예수님은 죽은지 나흘이 된 나사로의 무덤문을 열게 하신다. 마르다는 근심어린 목소리로 "주여 죽은 지가 나흘이 되었으매 벌써 냄새가 나나이다" 고 오히려 만류하는 쪽이었다. 여기서 '냄새가 난다' 는 말은 완전한 죽음을 의미하는 것이고, 목격자들에 의해 나사로의 죽음이 확인된 것을 의미한다. 그런데도 불구하고 예수님은 무엇 때문에 무덤문을 열게 했을까? 그것은 하나님의 영광이 나타나리라는 확신 때문이다.

오늘날도 신자가 이 사실을 믿으면 범사에 감사하며 기도할 수 있다.

[14]무리가 소리를 높여 부를 것이며 여호와의 위엄으로 말미암아 바다에서부터 크게 외치리니 [15]그러므로 너희가 동방에서 여호와를 영화롭게 하며 바다 모든 섬에서 이스라엘의 하나님 여호와의 이름을 영화롭게 할 것이라 (사 24:14-15)

3. 이미 이룬 줄로 믿고 기도하라.(41절)

예수님은 죽은 나사로를 하나님께서 살려 주셨기 때문에 감사한 것이 아니라, 아직도 죽어있지만 그런 중에서도 하나님께서 "내 말을 들으신 것을 감사하나이다"고 했다. 이것은 감사기도의 전형적인 모범이다.

신자는 자신의 감사기도 내용을 점검해 보아야 한다. 이미 이루어진 것에 대한 것만 감사하는 기도에는 더 이상의 이적을 기대할 수 없지만, 아직도 이루어지지 않았지만 이미 이룬 줄로 믿고 하는 감사기도는 기적을 동반한다.

[11]예수께서 떡을 가져 축사하신 후에 앉아 있는 자들에게 나눠 주시고 물고기도 그렇게 그들의 원대로 주시니라 [12]그들이 배부른 후에 예수께서 제자들에게 이르시되 남은 조각을 거두고 버리는 것이 없게 하라 하시므로 [13]이에 거두니 보리떡 다섯 개로 먹고 남은 조각이 열두 바구니에 찼더라 (요 6:11-13)

4. 신뢰를 확고히 하라.(42절)

예수님은 기도하면서 "항상 내 말을 들으시는 줄을 내가 알았나이다"라고 기도하셨다. 이것은 하나님 아버지에 대한 신뢰의 극치를 보여준다.

막 11:24을 읽고 말씀의 의미를 생각해 봅시다.

Memo

Memo

그러므로 내가 너희에게 말하노니 무엇이든지 기도하
고 구하는 것은 받은 줄로 믿으라 그리하면 너희에게
그대로 되리라 (막 11:24)

하나님은 내가 아뢰는 기도에 대해 항상 들어 주신다는 확신위에 서 있는 사람은 감사가 절로 나올 것이다.

♣ 나눔의 시간 갖기

1. 오늘 말씀을 중심으로 삶에 적용해 보세요.

....

2. 기도

사랑의 하나님 오늘
....
....
예수님의 이름으로 기도드립니다. 아멘

3. 광고

① ....

② ....

③ ....

4. 차시예고 (다음 구역공과 은혜시간에 중보기도 요청 내용과 감사의 기도 내용을 미리 공과에 적어오세요.)

5. 주기도문

12

사마리아인과 감사신앙

[11]예수께서 예루살렘으로 가실 때에 사마리아와 갈릴리 사이로 지나가시
다가 [12]한 마을에 들어가시니 나병환자 열 명이 예수를 만나 멀리 서서 [13]
소리를 높여 이르되 예수 선생님이여 우리를 불쌍히 여기소서 하거늘 [14]
보시고 이르시되 가서 제사장들에게 너희 몸을 보이라 하셨더니 그들이
가다가 깨끗함을 받은지라 [15]그 중의 한 사람이 자기가 나은 것을 보고 큰
소리로 하나님께 영광을 돌리며 돌아와 [16]예수의 발 아래에 엎드리어 감
사하니 그는 사마리아 사람이라 [17]예수께서 대답하여 이르시되 열 사람이
다 깨끗함을 받지 아니하였느냐 그 아홉은 어디 있느냐 [18]이 이방인 외에
는 하나님께 영광을 돌리러 돌아온 자가 없느냐 하시고 [19]그에게 이르시
되 일어나 가라 네 믿음이 너를 구원하였느니라 하시더라 (눅 17:11-19)

♣ 마음 나누기

1. 인사 (구역 식구들에게)

① 나는 오늘 축복의 주인공이 되고 싶습니다.

② 주님의 이름으로 축복합니다.

③ 주님의 이름으로 사랑합니다.

2. 찬송 (268장 죄에서 자유를 얻게 함은)

(1) 죄에서 자유를 얻게 함은 보혈의 능력 주의 보혈
시험을 이기고 승리하니 참 놀라운 능력이로다
(2) 육체의 정욕을 이길 힘은 보혈의 능력 주의 보혈
정결한 마음을 얻게하니 참 놀라운 능력이로다
(3) 눈보다 더 희게 맑히는 것 보혈의 능력 주의 보혈
부정한 모든 것 맑히시니 참 놀라운 능력이로다
(4) 구주의 복음을 전할 제목 보혈의 능력 주의 보혈
날마다 나에게 찬송주니 참 놀라운 능력이로다
(후렴) 주의 보혈 능력있도다 주의 피 믿으오
주의 보혈 그 어린 양의 매우 귀중한 피로다

3. 기도 (인도자나 기도 순서자가 기도)

4. 중보기도 요청 나누기

① 기도 내용 말하기:

② 감사기도 내용 말하기:

③ 응답기도 내용 말하기:

예수께서 죄인들을 위해 십자가를 지시기 위해서 예루살렘으로 입성하시기 전에 사마리아와 갈릴리 사이에 있는 한 마을에 들어가셔서 10명의 나병환자를 고쳐주셨다. 그러나 10명 중에 한 사람만이 주님께 돌아와 겸손함으로 감사를 표시했다. 이 한 사람만이 영육의 구원을 주님으로부터 받았다.

〈감사는 더 큰 감사를〉

1877년, 미국 미네소타주에서 실제 있었던 이야기이다. 오랜 기간 동안의 심한 가뭄과 메뚜기떼의 습격으로 농작물은 전멸하고 사람들은 아사 직전에 빠졌다. 그때 주지사인 필스버리(Pillsbury)씨는 뜻밖에도 '감사기도의 날'을 선포하였다. 농작물은 전멸하였으나 아직 남은 것이 많음에, 앞으로 기회를 주실 하나님께 감사하자는 것이었다.

미네소타주의 감사기도는 하나님을 감동시켰다. 들판을 뒤덮었던 메뚜기떼가 어느 날 갑자기 전부 죽어버린 것이었다.

주님의 은혜에 감사할 때 어떤 구원과 축복이 임하는지 알아봄으로써 은혜받는 시간이 되자.

1. 육신의 구원을 받는다.(14절)

10명의 나병환자는 주님께 찾아와서 소리 지르며 "예수 선생님이여 우리를 불쌍히 여기소서"할 때 주님은 이들을 불쌍히 여기시고 나병을 고쳐주셨다.

이 10명의 나병환자는 육신의 질병인 나병만 고침을 받았다. 이 치료는 일반적인 은총이다. 이 일반적인 은총은 누구나 주님께 나와서 진실하게 고백하면 다 고침을 받을 수 있다. 나병 뿐만 아니라 어떠한 육신의 질병도 고침을 받을 수 있다. 세상에서는 치료가 불가능한 어떠한 것도 주님께 나와 불쌍히 여겨 달라고 고백하면 다 고칠 수가 있다. 얼마나 큰 은혜이며 축복인가? 이런 은혜와 축복은 주님께 모든 잘못을 고백하고 감사함으로 나올 때 받게 된다.

막 9:17-23을 읽고 말씀의 의미를 생각해 봅시다.

> [17]무리 중의 하나가 대답하되 선생님 말 못하게 귀신 들린 내 아들을 선생님께 데려왔나이다 [18]귀신이 어디서든지 그를 잡으면 거꾸러져 거품을 흘리며 이를 갈며 그리고 파리해지는지라 내가 선생님의 제자들에게 내쫓아 달라 하였으나 그들이 능히 하지 못하더이다 [19]대답하여 이르시되 믿음이 없는 세대여 내가 얼마나 너희와 함께 있으며 얼마나 너희에게 참으리요 그를 내게로 데려오라 하시매 [20]이에 데리고 오니 귀신이 예수를 보고 곧 그 아이로 심히 경련을 일으키게 하는지라 그가 땅에 엎드러져 구르며 거품을 흘리더라 [21]예수께서 그 아버지에게 물으시되 언제부터 이렇게 되었느냐 하시니 이르되 어릴 때부터니이다 [22]귀신이 그를 죽이려고 불과 물에 자주 던졌나이다 그러나 무엇을 하실 수 있거든 우리를 불쌍히 여기사 도와 주옵소서 [23]예수께서 이르시되 할 수 있거든이 무슨 말이냐 믿는 자에게는 능히 하지 못할 일이 없느니라 하시니 (막 9:17-23)

2. 영혼의 구원을 받는다.(19절)

10명의 나병환자는 주님의 은혜로 육신의 구원을 받았다. 그러나 꼭 구원을 받아야 할 영혼의 구원을 받은 사람은 단 한 사람뿐이었다. 이 한 사람은 어떻게 해서 영혼의 구원을 받았는가? 그것은 감사신앙을 소유했기 때문이다. 육신의 질병인

Memo

나병을 고쳐주심에 감사해서 주님께 다시 찾아와 엎드리어 사례할 때 영혼의 구원까지 받은 것이다.

신자는 육신의 구원도 중요하지만 영혼의 구원을 받아야 한다. 영혼의 구원없는 육신의 구원은 무의미한 것이다. 영혼의 구원은 우리에게 영원한 생명을 주기 때문이다.

요 3:16-21을 읽고, 그 속에서 주어지는 말씀의 의미를 생각해 봅시다.

> [16]하나님이 세상을 이처럼 사랑하사 독생자를 주셨으니
> 이는 그를 믿는 자마다 멸망하지 않고 영생을 얻게 하
> 려 하심이라 [17]하나님이 그 아들을 세상에 보내신 것은
> 세상을 심판하려 하심이 아니요 그로 말미암아 세상이
> 구원을 받게 하려 하심이라 [18]그를 믿는 자는 심판을 받
> 지 아니하는 것이요 믿지 아니하는 자는 하나님의 독생
> 자의 이름을 믿지 아니하므로 벌써 심판을 받은 것이니
> 라 [19]그 정죄는 이것이니 곧 빛이 세상에 왔으되 사람들
> 이 자기 행위가 악하므로 빛보다 어둠을 더 사랑한 것
> 이니라 [20]악을 행하는 자마다 빛을 미워하여 빛으로 오
> 지 아니하나니 이는 그 행위가 드러날까 함이요 [21]진리
> 를 따르는 자는 빛으로 오나니 이는 그 행위가 하나님
> 안에서 행한 것임을 나타내려 함이라 하시니라
>
> (요 3:16-21)

3. 문제의 해결함을 받는다.

10명의 나병환자의 모습은 영적으로 볼 때 우리들의 온갖 죄악된 영혼의 모습이다. 예수님은 죄악으로 오염된 인간의 문제를 해결해 주시는 유일한 분이시다. 우리가 어떤 죄악의 문제로 고민하고 있을지라도, 한 나병환자처럼 주님께로 나아가면 모든 문제를 해결함 받을 수 있게 된다.

마 9:12-13을 읽고 말씀의 의미를 생각해 봅시다.

> [12]예수께서 들으시고 이르시되 건강한 자에게는 의사가 쓸 데 없고 병든 자에게라야 쓸 데 있느니라 [13]너희는 가서 내가 긍휼을 원하고 제사를 원하지 아니하노라 하신 뜻이 무엇인지 배우라 나는 의인을 부르러 온 것이 아니요 죄인을 부르러 왔노라 하시니라 (마 9:12-13)

4. 감사자에게 오는 축복

시 95:2, 시 100:4을 읽어보고, 하나님의 전 앞에 나아가는 자의 올바른 신앙자세에 대해서 살펴 봅시다.

> 우리가 감사함으로 그 앞에 나아가며 시를 지어 즐거이 그를 노래하자 (시 95:2)

> 감사함으로 그의 문에 들어가며 찬송함으로 그의 궁정에 들어가서 그에게 감사하며 그의 이름을 송축할지어다 (시 100:4)

성경은 감사신앙으로 사는 자에게 여러 가지 축복을 약속하고 있는데, 여기에 대하여 살펴보면 다음과 같다.

첫째, 모든 일에 승리한다.(롬 7:25)

> 우리 주 예수 그리스도로 말미암아 하나님께 감사하리로다 그런즉 내 자신이 마음으로는 하나님의 법을 육신으로는 죄의 법을 섬기노라 (롬 7:25)

둘째, 소원 성취한다.(시 50:14)

감사로 하나님께 제사를 드리며 지존하신 이에게 네 서원을 갚으며 (시 50:14)

셋째, 하는 일마다 번성한다.(렘 30:19)

넷째, 영화를 누린다.(렘 30:19)

그들에게서 감사하는 소리가 나오고 즐거워하는 자들의 소리가 나오리라 내가 그들을 번성하게 하리니 그들의 수가 줄어들지 아니하겠고 내가 그들을 존귀하게 하리니 그들은 비천하여지지 아니하리라 (렘 30:19)

다섯째, 평강이 임한다.(빌 4:6-7)

6아무 것도 염려하지 말고 다만 모든 일에 기도와 간구로, 너희 구할 것을 감사함으로 하나님께 아뢰라 7그리하면 모든 지각에 뛰어난 하나님의 평강이 그리스도 예수 안에서 너희 마음과 생각을 지키시리라 (빌 4:6-7)

우리 구역 식구들은 감사로 오는 축복을 받고 교회의 성장에 밑거름이 되자.

Memo

♣ 나눔의 시간 갖기

1. 오늘 말씀을 중심으로 삶에 적용해 보세요.

2. 기도

사랑의 하나님 오늘

예수님의 이름으로 기도드립니다 아멘

3. 광고

①

②

③

4. 차시예고 (다음 구역공과 은혜시간에 중보기도 요청 내용과 감사의 기도 내용을 미리 공과에 적어오세요.)

5. 주기도문

13

신자와 감사이유

21그들의 땅을 기업으로 주신 이에게 감사하라 그 인자하심이 영원함이로
다 22곧 그 종 이스라엘에게 기업으로 주신 이에게 감사하라 그 인자하심
이 영원함이로다 23우리를 비천한 가운데에서도 기억해 주신 이에게 감사
하라 그 인자하심이 영원함이로다 24우리를 우리의 대적에게서 건지신 이
에게 감사하라 그 인자하심이 영원함이로다 25모든 육체에게 먹을 것을
주신 이에게 감사하라 그 인자하심이 영원함이로다 26하늘의 하나님께 감
사하라 그 인자하심이 영원함이로다 (시 136:21-26)

♣ 마음 나누기

1. 인사 (구역 식구들에게)

① 당신은 축복의 통로입니다.

② 당신은 주님의 멋진 동역자입니다.

③ 당신은 복 받을 사람입니다.

2. 찬송 (288장 예수를 나의 구주 삼고)

(1) 예수를 나의 구주 삼고 성령과 피로써 거듭나니
이 세상에서 내 영혼이 하늘의 영광 누리도다

(2) 온전히 주께 맡긴 내 영 사랑의 음성을 듣는 중에
천사들 왕래 하는 것과 하늘의 영광 보리로다

(3) 주 안에 기쁨 누림으로 마음의 풍랑이 잔잔하니
세상과 나는 간곳없고 구속한 주만 보이도다

(후렴) 이것이 나의 간증이요 이것이 나의 찬송일세
나 사는 동안 끊임없이 구주를 찬송 하리로다 아멘

3. 기도 (인도자나 기도 순서자가 기도)

사랑의 하나님 오늘

....

....

....

4. 중보기도 요청 나누기

① 기도 내용 말하기: ....

② 감사기도 내용 말하기: ....

③ 응답기도 내용 말하기: ....

우리는 인생을 살아가는 데 있어서 하나님께 감사해야 할 것들이 많다. 모든 것을 긍정적인 시야를 가지고 바라볼 때는 감사해야 할 것들이 많게 되지만, 부정적인 시야로 모든 것을 바라볼 때는 불평과 불만이 나올 수밖에 없다.

이처럼 모든 것을 긍정적으로 받아들이느냐, 부정적으로 받아들이느냐에 따라 감사가 나오기도 하고 불평이 나오기도 한다.

〈강도를 만나도 감사〉

매튜 헨리(Matthew Henry)가 어떤 골목길을 가다가 강도를 만나 많이 맞고 정신을 잃어버렸다. 간신히 정신을 차려보니 온 몸이 상처로 피투성이였다.

그러나 그는 집에 돌아오자 아무 말도 하지 않고 서재에 들어가서 하나님께 엎드려 감사의 기도를 드렸다고 한다.

"하나님이여, 생명만은 살아 돌아와서 가족들을 만나게 되었으니 감사합니다. 또 내가 예수를 안 믿었다고 하면 나를 때린 저 강도와 같이 되었을 터인데 예수 믿고, 강도가 안 되고 목사가 된 것을 감사합니다. 또 이 세상의 모든 것 다 잃어버린다 하더라도 내가 영원한 천국을 소유하게 되었으니 감사합니다."라고.

오늘 말씀을 볼 때 본문 저자는 모든 것을 긍정적으로 바라보면서 하나님께 감사를 올렸고, 하나님께 감사해야 할 이유를 발견하였다. 오늘은 여기에 대해 생각해 보도록 하자.

Memo

1. 하나님은 천지만물을 주관하는 분이시기 때문이다.

하나님은 이 세상 천지만물을 지으시고 다스리며 주관하는 분이시다. 그리고 우리 인간에게는 그 모든 것을 누리며 살도록 허락하셨다. 햇빛을 주시고, 공기를 주셨으며, 우리에게 필요한 모든 것을 허락해 주셨다.

그러므로 신자는 천지만물을 주관하시고 나의 삶을 주관하실 뿐만 아니라, 공기와 햇빛을 주셔서 오늘도 편안하고 건강하게 살아갈 수 있도록 도와주신 하나님께 감사를 드려야 한다. 또한 나의 모든 것을 치밀하게 보시며, 인도해 주시는 하나님께 감사를 해야 한다. 나의 작은 일이든지 큰일이든지 하나님께서 주관해 주신다는 사실을 알고 감사를 하자.

시 34:1-6을 읽고 나의 삶을 주관하시는 하나님께 감사와 영광을 돌릴 때 성도에게 주어지는 축복이 무엇인지 다같이 생각해 봅시다.

> 1내가 여호와를 항상 송축함이여 내 입술로 항상 주를
> 찬양하리이다 2내 영혼이 여호와를 자랑하리니 곤고한
> 자들이 이를 듣고 기뻐하리로다 3나와 함께 여호와를
> 광대하시다 하며 함께 그의 이름을 높이세 4내가 여호
> 와께 간구하매 내게 응답하시고 내 모든 두려움에서 나
> 를 건지셨도다 5그들이 주를 앙망하고 광채를 내었으니
> 그들의 얼굴은 부끄럽지 아니하리로다 6이 곤고한 자가
> 부르짖으매 여호와께서 들으시고 그의 모든 환난에서
> 구원하셨도다 (시 34:1-6)

Memo

2. 하나님께서는 성도에게 땅을 정복하고, 번성하며, 다스리는 축복권을 허락해 주셨기 때문이다. (21-22절)

하나님은 해와 달과 별 등 일월성신을 창조하시고 그것을 사람이 다스리고, 정복하며, 번성하도록 축복권을 허락해 주셨다. 또한 식물, 동물, 어류, 고기, 조류까지도 다스리고, 정복하며, 번성하도록 하셨다. 뿐만 아니라 믿음의 사람에게는 이 세상 기업 뿐만 아니라 하나님 나라의 기업도 받을 수 있는 축복을 허락받았다. 이런 것을 생각해 볼 때 우리는 하나님 앞에 감사와 영광을 돌릴 수밖에 없는 것이다.

창 1:27-29을 읽고 하나님께서 만물을 창조하시고, 인간에게 어떤 축복권을 허락해 주셨는지 다같이 이야기해 보자.

> 27하나님이 자기 형상 곧 하나님의 형상대로 사람을 창조하시되 남자와 여자를 창조하시고 28하나님이 그들에게 복을 주시며 하나님이 그들에게 이르시되 생육하고 번성하여 땅에 충만하라, 땅을 정복하라, 바다의 물고기와 하늘의 새와 땅에 움직이는 모든 생물을 다스리라 하시니라 29하나님이 이르시되 내가 온 지면의 씨 맺는 모든 채소와 씨 가진 열매 맺는 모든 나무를 너희에게 주노니 너희의 먹을 거리가 되리라 (창 1:27-29)

3. 신자를 괴롭히는 대적을 물리쳐 주시기 때문이다.(24절)

우리가 이 땅을 살아가는 동안에 원수 마귀 대적은 우리를 쓰러뜨리려고 여러 가지 방법을 다 동원한다. 그렇지만 하나님께서는 우리를 도우셔서 그런 원수들을 물리쳐 주신다.

Memo

성도가 환난이나 곤고나 핍박이나 기근이나 적신이나 위험을 당할 때 그런 문제들을 극복할 수 있는 힘은 어디에서 나오는 것인가? 인간은 미약해서 엄청난 문제를 당할 때는 속수무책일 수밖에 없다. 그렇다면 어떻게 할 것인가?

롬 8:28-39을 읽고 말씀의 의미를 생각해 봅시다.

> 28우리가 알거니와 하나님을 사랑하는 자 곧 그의 뜻대
> 로 부르심을 입은 자들에게는 모든 것이 합력하여 선을
> 이루느니라 29하나님이 미리 아신 자들을 또한 그 아들
> 의 형상을 본받게 하기 위하여 미리 정하셨으니 이는
> 그로 많은 형제 중에서 맏아들이 되게 하려 하심이니라
> 30또 미리 정하신 그들을 또한 부르시고 부르신 그들을
> 또한 의롭다 하시고 의롭다 하신 그들을 또한 영화롭게
> 하셨느니라 31그런즉 이 일에 대하여 우리가 무슨 말 하
> 리요 만일 하나님이 우리를 위하시면 누가 우리를 대적
> 하리요 32자기 아들을 아끼지 아니하시고 우리 모든 사
> 람을 위하여 내주신 이가 어찌 그 아들과 함께 모든 것
> 을 우리에게 주시지 아니하겠느냐 33누가 능히 하나님
> 께서 택하신 자들을 고발하리요 의롭다 하신 이는 하나
> 님이시니 34누가 정죄하리요 죽으실 뿐 아니라 다시 살
> 아나신 이는 그리스도 예수시니 그는 하나님 우편에 계
> 신 자요 우리를 위하여 간구하시는 자시니라 35누가 우
> 리를 그리스도의 사랑에서 끊으리요 환난이나 곤고나
> 박해나 기근이나 적신이나 위험이나 칼이랴 36기록된
> 바 우리가 종일 주를 위하여 죽임을 당하게 되며 도살
> 당할 양 같이 여김을 받았나이다 함과 같으니라 37그러
> 나 이 모든 일에 우리를 사랑하시는 이로 말미암아 우
> 리가 넉넉히 이기느니라 38내가 확신하노니 사망이나
> 생명이나 천사들이나 권세자들이나 현재 일이나 장래
> 일이나 능력이나 39높음이나 깊음이나 다른 어떤 피조
> 물이라도 우리를 우리 주 그리스도 예수 안에 있는 하
> 나님의 사랑에서 끊을 수 없으리라 (롬 8:28-39)

그러므로 신자는 하나님께서 강한 팔과 강한 손으로 나를 붙들어 주시고, 나를 괴롭히는 마귀의 유혹이나 핍박을 물리칠 수 있도록 도와 주신다는 사실에 감사해야 한다. 감사하는 자에게 하나님은 평강을 주신다.

Memo

♣ 나눔의 시간 갖기

1. 오늘 말씀을 중심으로 삶에 적용해 보세요.

2. 기도

사랑의 하나님 오늘

예수님의 이름으로 기도드립니다 아멘

Memo

3. 광고

①..

②..

③..

4. 차시예고 (다음 구역공과 은혜시간에 중보기도 요청 내용과 감사의 기도 내용을 미리 공과에 적어오세요.)

5. 주기도문

14

순종하는 삶

17사무엘이 이르되 왕이 스스로 작게 여길 그 때에 이스라엘 지파의 머리
가 되지 아니하셨나이까 여호와께서 왕에게 기름을 부어 이스라엘 왕을
삼으시고 18또 여호와께서 왕을 길로 보내시며 이르시기를 가서 죄인 아
말렉 사람을 진멸하되 다 없어지기까지 치라 하셨거늘 19어찌하여 왕이
여호와의 목소리를 청종하지 아니하고 탈취하기에만 급하여 여호와께서
악하게 여기시는 일을 행하였나이까 20사울이 사무엘에게 이르되 나는 실
로 여호와의 목소리를 청종하여 여호와께서 보내신 길로 가서 아말렉 왕
아각을 끌어 왔고 아말렉 사람들을 진멸하였으나 21다만 백성이 그 마땅
히 멸할 것 중에서 가장 좋은 것으로 길갈에서 당신의 하나님 여호와께
제사하려고 양과 소를 끌어 왔나이다 하는지라 22사무엘이 이르되 여호와
께서 번제와 다른 제사를 그의 목소리를 청종하는 것을 좋아하심 같이 좋
아하시겠나이까 순종이 제사보다 낫고 듣는 것이 숫양의 기름보다 나으
니 23이는 거역하는 것은 점치는 죄와 같고 완고한 것은 사신 우상에게 절
하는 죄와 같음이라 왕이 여호와의 말씀을 버렸으므로 여호와께서도 왕
을 버려 왕이 되지 못하게 하셨나이다 하니 (삼상 15:17-23)

♣ 마음 나누기

1. 인사 (구역 식구들에게)

① 당신은 사랑받기 위해 태어난 사람입니다.

② 당신은 주님의 멋진 형제(자매)입니다.

③ 당신은 오늘 건강해 보이십니다.

2. 찬송 (284장 오랫동안 모든 죄 가운데 빠져)

(1) 오랫동안 모든 죄 가운데 빠져 더럽기가 한량 없던 우리들
아무 공로 없이 구원함을 얻어 하나님의 자녀 지금되었네
(2) 주의 보혈로써 정결하게 씻겨 죄악에서 떠난 몸이 되었고
세상 근심 구름 간 곳 없어지니 하나님의 빛이 영화롭도다
(3) 죄의 깊은 잠과 뜬 세상의 꿈을 어서 깨어나라 나의 친구여
은혜 받은 날과 구원 얻을 때가 지금 온 세상에 선포되었네
(후렴) 주의 그 사랑 한량 없도다 찬송할지어다 예수의 공로
주의 그 사랑 한량 없도다 찬송할지어다 예수의 공로

3. 기도 (인도자나 기도 순서자가 기도)

4. 중보기도 요청 나누기

① 기도 내용 말하기:

② 감사기도 내용 말하기:

③ 응답기도 내용 말하기:

이스라엘 백성들이 애굽에서 나올 때나 가나안에 도착하기 전에 방해했던 민족이 있었다. 그 민족은 아말렉이었다. 하나님은 사무엘을 시켜서 사울에게 이 민족을 진멸하라고 말씀하신다. 사무엘을 통해 지시를 받은 사울은 하나님 말씀을 따르지 않았을 뿐만 아니라 겸손하지 못했고, 진실하지 못했다. 그 결과 사울은 왕에서 물러나게 된다.

〈순종하는 자의 복〉

어느 임금이 신하들이 얼마나 잘 순종하는지 시험해 보고 싶었다.

"경들은 이 연못의 물을 길어 다가 빈 항아리에 채우도록 하여라."

그런데 그 항아리들은 모두 깨어져있었다. 신하들은 쓸데없는 일이라고 시작도 하지 않았다. 한 신하만이 순종하며 끝까지 물을 퍼서 항아리를 채웠다.

못의 물이 거의 없어졌을 때, 무언가 바닥에 번쩍이는 것이 있었다. 금덩이였다. 임금님은 기뻐하면서 말했다.

"이 금덩이는 내가 순종하는 신하에게 주려고 일부러 넣어둔 것 일세. 이제 자네 거네."

본문은 우리에게 순종하는 삶이 무엇인지를 깨닫게 해 준다. 그럼 본문을 중심하여 말씀을 나누면서 은혜를 받는 귀한 시간이 되도록 하자.

1. 하나님 지시대로 따르도록 하자.(17-19절)

하나님께서는 사울에게 아말렉을 진멸하라고 명령하셨다.

Memo

그러나 사울은 하나님 말씀을 따르지 않았다. 본문을 통해 깨달아야 할 것은 순종이란 '하나님 지시대로 따르며 사는 삶' 이라는 사실이다.

성도들도 하나님 말씀대로 순종하며 살아야 한다. 그리하면 하나님께서 우리의 가정과 우리가 행하는 모든 일들에 형통하는 축복을 누리게 될 것이다.

하나님 말씀대로 지키고 살면 어떤 축복을 받는지 잠 3:1-2, 신 4:40을 다같이 읽어 보도록 하자.

> [1]내 아들아 나의 법을 잊어버리지 말고 네 마음으로 나의 명령을 지키라 [2]그리하면 그것이 네가 장수하여 많은 해를 누리게 하며 평강을 더하게 하리라 (잠 3:1-2)

> 오늘 내가 네게 명령하는 여호와의 규례와 명령을 지키라 너와 네 후손이 복을 받아 네 하나님 여호와께서 네게 주시는 땅에서 한 없이 오래 살리라 (신 4:40)

2. 겸손한 삶을 살도록 하자.(17절)

본문 초두에서 사울은 왕이 되기 전의 마음과 자세는 스스로 작게 여기는 겸손한 사람이었다. 이 겸손함으로 사울은 하나님께 인정받아 왕이 되는 축복을 받았다. 그런데 그는 처음의 신앙모습을 잃어버리고 교만하게 되므로 하나님께 버림을 받은 것이다. 우리가 겸손과 순종의 삶을 사는 것은 대단히 중요하다. 이렇게 할 때 하나님께서는 우리를 크게 쓰시며 축복하시는 것이다. 우리가 겸손한 삶을 살 때 하나님께서는 우리에게 어떠한 축복을 주실 것인가?

잠 22:4, 벧전 5:5을 읽고 말씀의 의미를 생각해 봅시다.

겸손과 여호와를 경외함의 보상은 재물과 영광과 생명 이니라 (잠 22:4)

젊은 자들아 이와 같이 장로들에게 순종하고 다 서로 겸손으로 허리를 동이라 하나님은 교만한 자를 대적하시되 겸손한 자들에게는 은혜를 주시느니라 (벧전 5:5)

3. 진실한 삶을 살도록 하자.(20-21절)

하나님께서는 사무엘을 시켜서 사울더러 아말렉 민족을 진멸하라고 말씀하신다. 그러나 사울은 아말렉을 진멸하기 보다도 탈취하기에 급급했으며, 사무엘의 책망에 대해서 사울은 "하나님께 제사를 드리려고 가장 좋은 양과 소를 남겨 두었다"고 양심을 속이며 거짓으로 대답했다. 사울은 하나님 앞에서 거짓을 말하므로 책망을 받게 된 것이다.

삼상 12:24, 잠 14:25을 다같이 읽으면서 깊이 생각해 봅시다.

너희는 여호와께서 너희를 위하여 행하신 그 큰 일을 생각하여 오직 그를 경외하며 너희의 마음을 다하여 진실히 섬기라 (삼상 12:24)

진실한 증인은 사람의 생명을 구원하여도 거짓말을 뱉는 사람은 속이느니라 (잠 14:25)

신앙생활은 진실성이 중요하다. 진실은 안과 밖에 같은 것을 말하며, 처음과 끝이 항상 동일한 것을 말한다. 우리는 하나님 앞에서 진실함으로 살아야 한다. 이렇게 할 때 하나님께서 당신과 함께 할 것이요, 소망이 넘치는 축복된 삶을 살게 될 것이다.

Memo

♣ 나눔의 시간 갖기

1. 오늘 말씀을 중심으로 삶에 적용해 보세요.

2. 기도

3. 광고

①

②

③

4. 차시예고 (다음 구역공과 은혜시간에 중보기도 요청 내용과 감사의 기도 내용을 미리 공과에 적어오세요.)

5. 주기도문

15

노아의 삶과 순종

9이것이 노아의 족보니라 노아는 의인이요 당대에 완전한 자라 그는 하나
님과 동행하였으며 10세 아들을 낳았으니 셈과 함과 야벳이라 11그 때에 온
땅이 하나님 앞에 부패하여 포악함이 땅에 가득한지라 12하나님이 보신즉
땅이 부패하였으니 이는 땅에서 모든 혈육 있는 자의 행위가 부패함이었
더라 13하나님이 노아에게 이르시되 모든 혈육 있는 자의 포악함이 땅에
가득하므로 그 끝 날이 내 앞에 이르렀으니 내가 그들을 땅과 함께 멸하
리라 14너는 고페르 나무로 너를 위하여 방주를 만들되 그 안에 칸들을 막
고 역청을 그 안팎에 칠하라 15네가 만들 방주는 이러하니 그 길이는 삼백
규빗, 너비는 오십 규빗, 높이는 삼십 규빗이라 16거기에 창을 내되 위에서
부터 한 규빗에 내고 그 문은 옆으로 내고 상 중 하 삼층으로 할지니라 17
내가 홍수를 땅에 일으켜 무릇 생명의 기운이 있는 모든 육체를 천하에서
멸절하리니 땅에 있는 것들이 다 죽으리라 18그러나 너와는 내가 내 언약
을 세우리니 너는 네 아들들과 네 아내와 네 며느리들과 함께 그 방주로
들어가고 19혈육 있는 모든 생물을 너는 각기 암수 한 쌍씩 방주로 이끌어
들여 너와 함께 생명을 보존하게 하되 20새가 그 종류대로, 가축이 그 종류
대로, 땅에 기는 모든 것이 그 종류대로 각기 둘씩 네게로 나아오리니 그
생명을 보존하게 하라 21너는 먹을 모든 양식을 네게로 가져다가 저축하
라 이것이 너와 그들의 먹을 것이 되리라 22노아가 그와 같이 하여 하나님
이 자기에게 명하신 대로 다 준행하였더라 (창 6:9-22)

Memo

♣ 마음 나누기

1. 인사 (구역 식구들에게)

① 당신과 함께하여 기쁩니다.

② 당신은 은혜가 풍성한 사람입니다.

③ 당신은 주님의 일꾼입니다.

2. 찬송 (549장 내 주여 뜻대로)

(1) 내 주여 뜻대로 행하시옵소서 온몸과 영혼을 다 주께 드리니
이 세상 고락간 주인도 하시고 날 주관 하셔서 뜻대로 하소서

(2) 내 주여 뜻대도 행하시옵소서 큰 근심 중에도 낙심케 마소서
주님도 때로는 울기도 하셨네 날 주관 하셔서 뜻대로 하소서

(3) 내 주여 뜻대로 행하시옵소서 내 모든 일들을 다 주께 맡기고
저 천성 향하여 고요히 가리니 살든지 죽든지 뜻대로 하소서 아멘

3. 기도 (인도자나 기도 순서자가 기도)

사랑의 하나님 오늘

예수님의 이름으로 기도드립니다. 아멘

4. 중보기도 요청 나누기

① 기도 내용 말하기:

② 감사기도 내용 말하기:

③ 응답기도 내용 말하기:

하나님께서는 사람의 죄악이 너무 심하므로 사람 지으심을 후회하시고 사람을 물로 심판하여 멸망시킬 것을 노아에게 미리 말씀해 주셨다. 또한 너와 네 가족이 구원받을 방주를 만들어 놓으라고 말씀하셨다. 노아는 하나님 말씀에 그대로 순종하였다. 이런 순종이 노아의 훌륭한 점이다. 뿐만 아니라 노아는 9절에 보면 하나님과 동행하는 삶을 살았다. 이런 삶 때문에 노아는 하나님께 은혜를 받으며 축복을 받았다. 그러므로 우리는 노아를 본받아 하나님과 동행하는 삶과 하나님께 순종하는 삶을 살아야 하겠다.

〈내 주여, 뜻대로 행하시옵소서!〉

슈몰크(Benjamin Schmolck) 목사 부부가 교인들을 심방하고 돌아왔을때, 교회와 집은 모두 불 타 있었고, 두 아들은 서로 껴안은 채 불에 타죽어 있었다.

슈몰크 목사는 아들의 시신 앞에서 흐르는 눈물로 조용히 기도를 드렸다고 한다.

내 주여 뜻대로 행하시옵소서. 온 몸과 영혼을 다 주께 드리니, 이 세상 고락간 주 인도 하시고, 날 주관하셔서 뜻대로 하소서. 내 주여 뜻대로 행하시옵소서. 큰 근심 중에도 낙심케 마소서. 주님도 때로는 울기도 하셨네. 날 주관하셔서 뜻대로 하소서. 내 주여 뜻대로 행하시옵소서.

내 모든 일들을 다 주께 맡기고, 저 천성 향하여 고요히 가리니, 살든지 죽든지 뜻대로 하소서.

그럼 본문을 통해서 노아의 삶과 순종을 살펴보고 은혜받는 귀한 시간이 되자.

Memo

1. 하나님과 동행하는 삶(9절)

노아는 하나님과 동행하는 삶을 살았다. 하나님과 동행하였다는 것은 하나님과 더불어 행동하며, 하나님 뜻대로 살았다는 것을 의미한다. 하나님과 교통하는 삶을 살았다는 것은 기도와 전도, 헌신을 통하여 하나님과 교제하며 살았다는 것을 의미한다. 그러므로 우리 믿는 성도들은 노아를 본받아 하나님과 교통하는 삶 즉 하나님과 동행하는 삶을 살아야 한다. 날마다 말씀을 보고 말씀따라 기도하며, 전도하며, 헌신하는 삶을 살아야 한다. 이렇게 할 때 노아에게 임한 하나님의 은혜와 축복이 우리들에게도 임하게 될 것이다.

창 5:24을 읽고 에녹이 하나님과 동행하는 삶을 살 때 어떤 축복을 받았는지 서로 이야기해 봅시다.

> 에녹이 하나님과 동행하더니 하나님이 그를 데려가시므로 세상에 있지 아니하였더라 (창 5:24)

2. 말씀에 순종하는 삶(22절)

본문에서 하나님께서는 노아에게 세상을 멸망시킬 것을 미리 가르쳐 주시며 배를 만들어 놓으라고 말씀하셨다. 이 말씀에 노아는 아무 말이나 이유나 변명도 없이 그대로 말씀에 순종하였다. 생각해 보라. 당시는 비 한방울 오지도 않고, 바람도 별로 없는 아열대성 기후였다. 평생동안 한번도 비를 경험하지 못한 노아에게 물로써 세상을 심판할테니 배를 만들라고 했을 때 쉽게 납득하기 어려웠을 것이다. 그러나 노아는 하나님 말씀에 순종하여 배를 만들었고 구원을 받았다. 순종의 삶은 놀라운 기적과 은총을 경험하게 한다.

눅 5:4-6을 다같이 읽고 베드로가 예수님 말씀에 의지하여 그물을 던졌을 때 어떤 역사가 있었는지 살펴 봅시다.

> 4말씀을 마치시고 시몬에게 이르시되 깊은 데로 가서
> 그물을 내려 고기를 잡으라 5시몬이 대답하여 이르되
> 선생님 우리들이 밤이 새도록 수고하였으되 잡은 것이
> 없지마는 말씀에 의지하여 내가 그물을 내리리이다 하
> 고 6그렇게 하니 고기를 잡은 것이 심히 많아 그물이 찢
> 어지는지라 (눅 5:4-6)

3. 노아가 받은 축복(18절)

노아가 하나님 말씀대로 방주를 준비했을 때 하나님께서는 40주야를 비가 오게 하여 세상을 심판했다. 그렇지만 하나님 말씀대로 순종한 노아 가족은 방주를 예비한 덕분에 방주에 들어가서 구원의 축복을 받게 된다. 그렇다면 우리 가족이 구원을 얻는 축복을 받으려면 어떻게 해야 되는지 살펴 봅시다.

> 이르되 주 예수를 믿으라 그리하면 너와 네 집이 구원을 받으리라 하고 (행 16:31)

> 9네가 만일 네 입으로 예수를 주로 시인하며 또 하나님
> 께서 그를 죽은 자 가운데서 살리신 것을 네 마음에 믿
> 으면 구원을 받으리라 10사람이 마음으로 믿어 의에 이
> 르고 입으로 시인하여 구원에 이르느니라 (롬 10:9-10)

방주는 영적으로 예수 그리스도이시다. 예수 그리스도를 모시는 자는 마지막 심판에서도 구원의 은총을 받는다. 우리는 나 뿐만 아니라 온 가족, 이웃까지도 구원받는 삶을 위해 힘써야 한다.

Memo

Memo

♣ 나눔의 시간 갖기

1. 오늘 말씀을 중심으로 삶에 적용해 보세요.

2. 기도

사랑의 하나님 오늘

예수님의 이름으로 기도드립니다. 아멘

3. 광고

①

②

③

4. 차시예고 (다음 구역공과 은혜시간에 중보기도 요청 내용과 감사의 기도 내용을 미리 공과에 적어오세요.)

5. 주기도문

16

아브라함의 믿음과 순종

1여호와께서 아브람에게 이르시되 너는 너의 고향과 친척과 아버지의 집
을 떠나 내가 네게 보여 줄 땅으로 가라 2내가 너로 큰 민족을 이루고 네게
복을 주어 네 이름을 창대하게 하리니 너는 복이 될지라 3너를 축복하는
자에게는 내가 복을 내리고 너를 저주하는 자에게는 내가 저주하리니 땅
의 모든 족속이 너로 말미암아 복을 얻을 것이라 하신지라 4이에 아브람
이 여호와의 말씀을 따라갔고 롯도 그와 함께 갔으며 아브람이 하란을 떠
날 때에 칠십오 세였더라 5아브람이 그의 아내 사래와 조카 롯과 하란에
서 모은 모든 소유와 얻은 사람들을 이끌고 가나안 땅으로 가려고 떠나서
마침내 가나안 땅에 들어갔더라 6아브람이 그 땅을 지나 세겜 땅 모레 상
수리나무에 이르니 그 때에 가나안 사람이 그 땅에 거주하였더라 7여호와
께서 아브람에게 나타나 이르시되 내가 이 땅을 네 자손에게 주리라 하신
지라 자기에게 나타나신 여호와께 그가 그 곳에서 제단을 쌓고 8거기서
벧엘 동쪽 산으로 옮겨 장막을 치니 서쪽은 벧엘이요 동쪽은 아이라 그가
그 곳에서 여호와께 제단을 쌓고 여호와의 이름을 부르더니 9점점 남방으
로 옮겨갔더라 (창 12:1-9)

♣ 마음 나누기

Memo

1. 인사 (구역 식구들에게)

① 당신은 주님의 충성된 종입니다.

② 당신은 오늘 행복의 주인공입니다.

③ 당신은 주님의 사랑의 메신저입니다.

2. 찬송 (191장 내가 매일 기쁘게)

(1) 내가 매일 기쁘게 순례의 길 행함은 주의 팔이 나를 안보함이요
내가 주의 큰 복을 받는 참된 비결은 주의 영이 함께함이라

(2) 전에 죄에 빠져서 평안함이 없을 때 예수 십자가의 공로 힘 입어
그 발 아래 엎드려 참된 평화 얻음은 주의 영이 함께함이라

(3) 나와 동행하시고 모든 염려 아시니 나는 숲의 새와 같이 기쁘다
내가 기쁜 맘으로 주의 뜻을 행함은 주의 영이 함께함이라

(4) 세상 모든 욕망과 나의 모든 정욕은 십자가에 이미 못을 박았네
어둔 밤이 지나고 무거운 짐 벗으니 주의 영이 함께함이라

(후렴) 성령이 계시네 할렐루야 함께하시네
좁은 길을 걸으며 밤낮 기뻐하는 것 주의 영이 함께함이라

3. 기도 (인도자나 기도 순서자가 기도)

....

....

4. 중보기도 요청 나누기

① 기도 내용 말하기: ....

② 감사기도 내용 말하기: ....

③ 응답기도 내용 말하기: ....

오늘 본문에서 하나님께서는 아브라함에게 명령하셨다. "너의 고향과 친척과 아버지의 집을 떠나 내가 네게 보여 줄 땅으로 가라(1절)" 이에 아브라함은 그대로 따르며 순종하였다. 또한 하나님께서 아브라함에게 축복의 약속을 했을 때 아브라함은 그대로 믿고 따랐다. 그 결과로 아브라함은 하나님이 지시한 가나안 땅에 이르는 축복을 받았다. 이뿐만 아니라 아브라함은 가나안에 도착하자마자 제단을 쌓고 하나님을 경배하였다. 아브라함은 참으로 믿음과 순종으로 산 사람의 표본이다.

〈거꾸로 심은 배추〉

누구나 그 수도원에서 배우고 싶어할 만큼 유명하고 훌륭한 수도원이 있었다.

두 사람이 그 수도원에서 공부하고 싶어서 수도원을 찾았다. 수도원장은 간단한 시험을 치르겠다고 했다. 그들을 밭으로 데리고 가서는 배추를 심게 했다. 그런데 배추를 거꾸로 심으라는 것이었다.

한 사람은 원장의 말대로 뿌리가 하늘로 가게 심었고, 또 한 사람은 아무래도 이상하다 싶어 원장의 말과는 반대로 뿌리를 땅속에 묻어 바로 심었다.

두 번째 사람에게 원장이 말했다.

"당신처럼 똑똑한 사람이 무얼 더 배우겠소. 당신은 교사의 자격은 있어도 학생의 자격은 없소."하고 돌려보냈고, 첫 번째의 사람만 제자를 삼았다.

우리는 아브라함 믿음에 있어 아름다운 점을 배워야겠다.

Memo

1. 아브라함의 믿음(1,5,7,8절)

본문에서 아브라함은 하나님이 지시한 곳이 어딘지는 모르지만 하나님께서 약속하신 땅으로 인도하실 것을 확실히 믿었고, 한번도 가보지 못한 곳을 무조건 가는 것은 불가능한 일이며 어리석은 일이지만, 하나님께서 약속하셨으므로 낙담하지 않고 고향을 떠났다. 결국 아브라함은 가나안에 도착하는 축복을 받았다. 도착한 아브라함은 먼저 제단을 쌓고 하나님께 경배를 드렸다.

그러므로 우리는 아브라함의 믿음을 본 받아야 한다. 아브라함처럼 확신있는 믿음을 가져야 한다. 낙담하지 않는 믿음을 가져야 한다. 하나님께 경배드리는 믿음을 가져야 할 것이다. 그렇게 할 때 아브라함에게 임한 축복이 우리들에게도 임하게 될 것이다.

마 8:1-3을 읽고 확실한 믿음과 낙담하지 않는 믿음을 가질 때 어떤 축복을 받는지 서로 대답해 보도록 하자.

> 1예수께서 산에서 내려 오시니 수많은 무리가 따르니라
> 2한 나병환자가 나아와 절하며 이르되 주여 원하시면
> 저를 깨끗하게 하실 수 있나이다 하거늘 3예수께서 손
> 을 내밀어 그에게 대시며 이르시되 내가 원하노니 깨끗
> 함을 받으라 하시니 즉시 그의 나병이 깨끗하여진지라
> (마 8:1-3)

2. 아브라함의 순종(1,4절)

아브라함은 하나님께서 우상숭배가 많은 고향을 떠나 가나안으로 가라고 했을 때 주저하지 않고, 무조건, 끝까지 따르며 순종하였다. 이것이 아브라함에게 배울만한 순종이다. 그러므

로 우리는 아브라함처럼, 하나님께서 말씀하시는 명령이라면, 주저하지 않고 순종했던 것처럼, 주저하지 않고 따르는 순종이 필요하다. 계산해 보고 합당하면 순종하고 불합리하면 불순종하는 것이 아니라 무조건 따르며 순종해야 한다. 도중에 포기하는 것이 아니라 끝까지 따르며 순종해야 한다.

이렇게 할 때 아브라함에게 주신 하나님의 축복이 우리에게도 주어지게 될 것이다.

창 22:2-3을 읽고 아브라함은 어디까지 순종을 행했는지 살펴 봅시다.

> 2여호와께서 이르시되 네 아들 네 사랑하는 독자 이삭
> 을 데리고 모리아 땅으로 가서 내가 네게 일러 준 한 산
> 거기서 그를 번제로 드리라 3아브라함이 아침에 일찍이
> 일어나 나귀에 안장을 지우고 두 종과 그의 아들 이삭
> 을 데리고 번제에 쓸 나무를 쪼개어 가지고 떠나 하나
> 님이 자기에게 일러 주신 곳으로 가더니 (창 22:2-3)

3. 아브라함이 받은 축복(2,3절)

아브라함은 바른 믿음과 순종으로 하나님께서 약속하신 축복을 다 받았다.

창 15:1-6, 창 21:1-4, 창 22:16-19, 창 26:2-5을 읽고 하나님께서 아브라함에게 주신 축복의 약속이 어떻게 성취 되었는지 살펴보고 우리에게 대한 하나님의 약속의 신실성에 대해 생각해 봅시다.

> 1이 후에 여호와의 말씀이 환상 중에 아브람에게 임하
> 여 이르시되 아브람아 두려워하지 말라 나는 네 방패요
> 너의 지극히 큰 상급이니라 2아브람이 이르되 주 여호

Memo

와여 무엇을 내게 주시려 하나이까 나는 자식이 없사오
니 나의 상속자는 이 다메섹 사람 엘리에셀이니이다 3
아브람이 또 이르되 주께서 내게 씨를 주지 아니하셨으
니 내 집에서 길린 자가 내 상속자가 될 것이니이다 4여
호와의 말씀이 그에게 임하여 이르시되 그 사람이 네
상속자가 아니라 네 몸에서 날 자가 네 상속자가 되리
라 하시고 5그를 이끌고 밖으로 나가 이르시되 하늘을
우러러 뭇별을 셀 수 있나 보라 또 그에게 이르시되 네
자손이 이와 같으리라 6아브람이 여호와를 믿으니 여호
와께서 이를 그의 의로 여기시고 (창 15:1-6)

1여호와께서 말씀하신 대로 사라를 돌보셨고 여호와께
서 말씀하신 대로 사라에게 행하셨으므로 2사라가 임신
하고 하나님이 말씀하신 시기가 되어 노년의 아브라함
에게 아들을 낳으니 3아브라함이 그에게 태어난 아들
곧 사라가 자기에게 낳은 아들을 이름하여 이삭이라 하
였고 4그 아들 이삭이 난 지 팔 일 만에 그가 하나님이
명령하신 대로 할례를 행하였더라 (창 21:1-4)

16이르시되 여호와께서 이르시기를 내가 나를 가리켜
맹세하노니 네가 이같이 행하여 네 아들 네 독자도 아
끼지 아니하였은즉 17내가 네게 큰 복을 주고 네 씨가 크
게 번성하여 하늘의 별과 같고 바닷가의 모래와 같게
하리니 네 씨가 그 대적의 성문을 차지하리라 18또 네 씨
로 말미암아 천하 만민이 복을 받으리니 이는 네가 나
의 말을 준행하였음이니라 하셨다 하니라 19이에 아브
라함이 그의 종들에게로 돌아가서 함께 떠나 브엘세바
에 이르러 거기 거주하였더라 (창 22:16-19)

2여호와께서 이삭에게 나타나 이르시되 애굽으로 내려
가지 말고 내가 네게 지시하는 땅에 거주하라 3이 땅에
거류하면 내가 너와 함께 있어 네게 복을 주고 내가 이
모든 땅을 너와 네 자손에게 주리라 내가 네 아버지 아

브라함에게 맹세한 것을 이루어 [4]네 자손을 하늘의 별
과 같이 번성하게 하며 이 모든 땅을 네 자손에게 주리
니 네 자손으로 말미암아 천하 만민이 복을 받으리라 [5]
이는 아브라함이 내 말을 순종하고 내 명령과 내 계명
과 내 율례와 내 법도를 지켰음이라 하시니라

(창 26:2-5)

큰 민족을 이루는 축복을 받았다(2절). 아브라함의 이름이 대대로 창대하게 되는 축복을 받았다(2절). 복의 근원이 되는 축복을 받았다(2절). 아브라함을 축복하는 자에게 축복을 주며, 저주하는 자에게 저주가 임하게 된다는 권세와 명예의 축복을 받았다(3절). 땅의 모든 민족이 아브라함으로 인하여 복을 받는 축복권을 받았다. 이 얼마나 큰 축복인가? 우리 교회와 구역 성도들이 이런 축복을 받도록 순종하는 생활을 하자.

♣ 나눔의 시간 갖기

1. 오늘 말씀을 중심으로 삶에 적용해 보세요.

Memo

Memo

2. 기도

사랑의 하나님 오늘

예수님의 이름으로 기도드립니다. 아멘

3. 광고

①

②

③

4. 차시예고 (다음 구역공과 은혜시간에 중보기도 요청 내용과 감사의 기도 내용을 미리 공과에 적어오세요.)

5. 주기도문

17

참된 회개와 순종

1내가 네게 진술한 모든 복과 저주가 네게 임하므로 네가 네 하나님 여호
와로부터 쫓겨간 모든 나라 가운데서 이 일이 마음에서 기억이 나거든 2
너와 네 자손이 네 하나님 여호와께로 돌아와 내가 오늘 네게 명령한 것
을 온전히 따라 마음을 다하고 뜻을 다하여 여호와의 말씀을 청종하면 3
네 하나님 여호와께서 마음을 돌이키시고 너를 긍휼히 여기사 포로에서
돌아오게 하시되 네 하나님 여호와께서 흩으신 그 모든 백성 중에서 너를
모으시리니 4네 쫓겨간 자들이 하늘 가에 있을지라도 네 하나님 여호와께
서 거기서 너를 모으실 것이며 거기서부터 너를 이끄실 것이라 5네 하나
님 여호와께서 너를 네 조상들이 차지한 땅으로 돌아오게 하사 네게 다시
그것을 차지하게 하실 것이며 여호와께서 또 네게 선을 행하사 너를 네
조상들보다 더 번성하게 하실 것이며 6네 하나님 여호와께서 네 마음과
네 자손의 마음에 할례를 베푸사 너로 마음을 다하며 뜻을 다하여 네 하
나님 여호와를 사랑하게 하사 너로 생명을 얻게 하실 것이며 7네 하나님
여호와께서 네 적군과 너를 미워하고 핍박하던 자에게 이 모든 저주를 내
리게 하시리니 8너는 돌아와 다시 여호와의 말씀을 청종하고 내가 오늘
네게 명령하는 그 모든 명령을 행할 것이라 9네가 네 하나님 여호와의 말
씀을 청종하여 이 율법책에 기록된 그의 명령과 규례를 지키고 네 마음을
다하며 뜻을 다하여 여호와 네 하나님께 돌아오면 네 하나님 여호와께서
네 손으로 하는 모든 일과 네 몸의 소생과 네 가축의 새끼와 네 토지 소산
을 많게 하시고 네게 복을 주시되 곧 여호와께서 네 조상들을 기뻐하신
것과 같이 너를 다시 기뻐하사 네게 복을 주시리라 (신 30:1-10)

♣ 마음 나누기

1. 인사 (구역 식구들에게)

① 당신과 함께하여 행복합니다.

② 주님의 이름으로 환영합니다.

③ 나는 오늘 축복의 주인공이 되고 싶습니다.

2. 찬송 (360장 행군 나팔 소리에)

(1) 행군 나팔 소리에 주의 호령났으니
　십자가의 군기를 높이 들고 나가세
(2) 악한마귀 권세를 모두 깨쳐 버리고
　승리하신 주님과 승전가를 부르세
(3) 달려갈길 다가고 싸움 모두 마친후
　주와 함께 기쁨을 용사들아 누리세
(후렴) 선한 싸움 다 싸우고 의의 면류관
　의의 면류관 받아 쓰리라 선한 싸움 다 싸우고
　의의 면류관 예루살렘 성에서 면류관 받으리
　저 요단강 건너 우리 싸움 마치는 날
　의의 면류관 예루살렘 성에서

3. 기도 (인도자나 기도 순서자가 기도)

4. 중보기도 요청 나누기

① 기도 내용 말하기:

② 감사기도 내용 말하기:

③ 응답기도 내용 말하기:

본문은 이스라엘 백성들이 가나안을 정복하기에 앞서 하나님을 배반하고 우상을 섬김으로 말미암아 하나님의 심판이 임하게 되었다는 사실을 보여준다. 뿐만 아니라 하나님께서는 이스라엘 백성들이 회개하고 돌아와서 하나님 말씀에 순종하면 많은 은혜와 축복을 받게 된다는 것도 가르쳐 주고 있다.

하나님께서는 성도들이 크든 작든 우상을 섬기거나, 하나님을 배반하는 행위를 원하지 않으신다. 오직 하나님을 섬기며 말씀에 순종하기를 원하신다. 죄를 지으면 회개하고 돌아오기를 원하신다. 성도가 회개하고 순종할 때 하나님께서 은총을 주시는 것이다.

〈상처가 났어도 기뻐〉

1939년, 마펫 선교사 선교 40주년 기념식이 평양 숭실대학교 강당에서 열렸다.

아래의 글은 마펫 선교사의 답사 중 일부이다.

"제 턱을 보십시오. 어느 날 저녁, 교회로 가다가 평양 깡패로 유명한 이기풍에게 돌로 맞아 생긴 상처입니다. 그런데 그 사람이 지금은 저곳에 앉아 있습니다. 회개하고 목사가 되었으니 나는 상처가 났어도 무척 기쁩니다."

오늘은 본문을 통해서 우리에게 주시는 영적인 귀한 은혜를 받는 시간이 되게 하자.

1. 참된 회개(1-2절)

이스라엘 백성들은 가나안을 정복하기 전에 하나님을 섬기지 않고 우상을 섬기며 범죄하므로 하나님의 심판을 자초하게 되었다. 그러나 성경은 하나님께 모든 범죄를 회개하고, 하나님께로 돌아오면 긍휼히 여기시고 용서하신다는 것을 가르쳐 주고 있다.

성도는 생활 속에서 지은 모든 죄를 회개하고 용서받아야 한다. 기도에 게을리했던 것을 고백하여야 한다. 전도와 봉사, 그리고 헌신에 게을리했던 것, 하나님을 사랑하고 이웃을 사랑하지 못했던 것 등을 고백하고 자백하여 은혜 받아야 한다. 하나님께서는 이런 성도들에게 은혜를 베푸시는 것이다.

눅 15:18-24을 읽고 탕자의 비유를 통해 성도가 회개하고 돌아오면 어떤 은혜를 받게 되는지 서로 이야기해 보자.

> 18 내가 일어나 아버지께 가서 이르기를 아버지 내가 하
> 늘과 아버지께 죄를 지었사오니 19 지금부터는 아버지의
> 아들이라 일컬음을 감당하지 못하겠나이다 나를 품꾼
> 의 하나로 보소서 하리라 하고 20 이에 일어나서 아버지
> 께로 돌아가니라 아직도 거리가 먼데 아버지가 그를 보
> 고 측은히 여겨 달려가 목을 안고 입을 맞추니 21 아들이
> 이르되 아버지 내가 하늘과 아버지께 죄를 지었사오니
> 지금부터는 아버지의 아들이라 일컬음을 감당하지 못
> 하겠나이다 하나 22 아버지는 종들에게 이르되 제일 좋
> 은 옷을 내어다가 입히고 손에 가락지를 끼우고 발에
> 신을 신기라 23 그리고 살진 송아지를 끌어다가 잡으라
> 우리가 먹고 즐기자 24 이 내 아들은 죽었다가 다시 살아
> 났으며 내가 잃었다가 다시 얻었노라 하니 그들이 즐거
> 워하더라 (눅 15:18-24)

2. 참된 순종(2-8절)

본문은 이스라엘 백성들이 모든 죄를 회개하고 돌아와서 하나님 말씀대로 순종하여 살 때 받는 은혜와 축복이 무엇인지 가르쳐 준다.

참된 순종이란 지금까지 살아온 자기의 생각과 의지와 주장과 목적과 이론과 경험 등을 하나님 앞에서 전적으로 포기하고 언제 어디서나 하나님의 의지를 받아 수행할 수 있는 상태를 말하며, 하나님 앞에서 무릎을 꿇고 귀를 열어서 하나님께서 주시는 말씀을 거스르지 않고 겸허하게 그대로 받아 드리는 것을 의미한다.

성도는 삶 속에서 하나님 말씀에 순종하고 살아야 한다. 하나님 말씀이라면 무조건 복종하고 따라야 한다. 왜 그래야 할까? 우리는 나의 조그만 지식과 경험과 철학으로는 하나님의 뜻을 알지 못하기 때문이요, 하나님이 내게 예비하신 큰 은혜와 축복이 어떻게 나타날지 우리는 전혀 예측할 수 없기 때문이다.

수 1:8, 신 7:9, 마 7:24-27을 읽고 말씀에 순종하게 될 때 어떤 은혜와 축복을 받는지 살펴 봅시다.

> 이 율법책을 네 입에서 떠나지 말게 하며 주야로 그것을 묵상하여 그 안에 기록된 대로 다 지켜 행하라 그리하면 네 길이 평탄하게 될 것이며 네가 형통하리라
> (수 1:8)

> 그런즉 너는 알라 오직 네 하나님 여호와는 하나님이시요 신실하신 하나님이시라 그를 사랑하고 그의 계명을 지키는 자에게는 천 대까지 그의 언약을 이행하시며 인애를 베푸시되 (신 7:9)

Memo

Memo

[24]그러므로 누구든지 나의 이 말을 듣고 행하는 자는 그
집을 반석 위에 지은 지혜로운 사람 같으리니 [25]비가 내
리고 창수가 나고 바람이 불어 그 집에 부딪치되 무너
지지 아니하나니 이는 주추를 반석 위에 놓은 까닭이요
[26]나의 이 말을 듣고 행하지 아니하는 자는 그 집을 모래
위에 지은 어리석은 사람 같으리니 [27]비가 내리고 창수
가 나고 바람이 불어 그 집에 부딪치매 무너져 그 무너
짐이 심하니라 (마 7:24-27)

3. 참된 회개와 순종의 결과(9-10절)

본문은 참된 회개와 순종을 할 때 오는 은혜와 축복에 대한 말씀을 가르쳐 주고 있다. 그 축복은 사업과 자녀와 재물의 축복을 받는 것이다.

성도들이여! 이런 삶을 살아 보는 것이 어떻겠는가?

욘 3:10을 읽고 요나가 회개하고 돌아와서 말씀에 순종하여 니느웨로 가서 말씀을 선포할 때 들은 사람들은 회개하고 어떤 축복을 받았는지 살펴 봅시다.

> 하나님이 그들이 행한 것 곧 그 악한 길에서 돌이켜 떠난 것을 보시고 하나님이 뜻을 돌이키사 그들에게 내리리라고 말씀하신 재앙을 내리지 아니하시니라 (욘 3:10)

성도가 참된 회개와 순종을 할 때 은혜와 축복을 받게 되는 것이다. 사업이 잘되는 축복과 자녀와 재물의 축복을 받는 것이다(9-10절). 이런 삶을 사는 성도는 살아가는 것이 즐겁고, 기쁘고, 감사가 넘친다.

Memo

♣ 나눔의 시간 갖기

1. 오늘 말씀을 중심으로 삶에 적용해 보세요.

2. 기도

사랑의 하나님 오늘

예수님의 이름으로 기도드립니다. 아멘

3. 광고

①

②

③

4. 차시예고 (다음 구역공과 은혜시간에 중보기도 요청 내용과 감사의 기도 내용을 미리 공과에 적어오세요.)

5. 주기도문

18

불순종의 의미와 결과

14여호와 하나님이 뱀에게 이르시되 네가 이렇게 하였으니 네가 모든 가
축과 들의 모든 짐승보다 더욱 저주를 받아 배로 다니고 살아 있는 동안
흙을 먹을지니라 15내가 너로 여자와 원수가 되게 하고 네 후손도 여자의
후손과 원수가 되게 하리니 여자의 후손은 네 머리를 상하게 할 것이요
너는 그의 발꿈치를 상하게 할 것이니라 하시고 16또 여자에게 이르시되
내가 네게 임신하는 고통을 크게 더하리니 네가 수고하고 자식을 낳을 것
이며 너는 남편을 원하고 남편은 너를 다스릴 것이니라 하시고 17아담에
게 이르시되 네가 네 아내의 말을 듣고 내가 네게 먹지 말라 한 나무의 열
매를 먹었은즉 땅은 너로 말미암아 저주를 받고 너는 네 평생에 수고하여
야 그 소산을 먹으리라 18땅이 네게 가시덤불과 엉겅퀴를 낼 것이라 네가
먹을 것은 밭의 채소인즉 19네가 흙으로 돌아갈 때까지 얼굴에 땀을 흘려
야 먹을 것을 먹으리니 네가 그것에서 취함을 입었음이라 너는 흙이니 흙
으로 돌아갈 것이니라 하시니라 20아담이 그의 아내의 이름을 하와라 불
렀으니 그는 모든 산 자의 어머니가 됨이더라 21여호와 하나님이 아담과
그의 아내를 위하여 가죽옷을 지어 입히시니라 22여호와 하나님이 이르시
되 보라 이 사람이 선악을 아는 일에 우리 중 하나 같이 되었으니 그가 그
의 손을 들어 생명 나무 열매도 따먹고 영생할까 하노라 하시고 23여호와
하나님이 에덴 동산에서 그를 내보내어 그의 근원이 된 땅을 갈게 하시니
라 24이같이 하나님이 그 사람을 쫓아내시고 에덴 동산 동쪽에 그룹들과
두루 도는 불 칼을 두어 생명 나무의 길을 지키게 하시니라 (창 3:14-24)

♣ 마음 나누기

Memo

1. 인사 (구역 식구들에게)

① 주님의 이름으로 축복합니다.

② 주님의 이름으로 사랑합니다.

③ 당신은 축복의 통로입니다.

2. 찬송 (350장 우리들이 싸울것은)

(1) 우리들이 싸울 것은 혈기아니오 우리들이 싸울것은 육체아니오
마귀권세 맞서 싸워 깨쳐버리고 죽을 영혼 살릴것일세

(2) 우리들이 입은 갑옷 쇠가 아니오 우리들이 가진 검은 강철아니오
하나님께 받아가진 평화의 복음 거룩하신 말씀이로다

(3) 악한마귀 제 아무리 강할지라도 우리들의 대장 예수 앞서 가시니
주저말고 용감하게 힘써 싸우세 최후 승리 얻을 때까지

(4) 죄악중에 빠진 사람죄를 뉘우쳐 십자가에 달린 예수 믿기만 하면
위태한데 빠진 영혼 구원 얻어서 천국 백성 될것임일세

(후렴) 한마음으로 힘써 나가세 한마음으로 힘써 싸우세
악한마귀 군사들과 힘써 싸워서 승전고를 울리기까지

3. 기도 (인도자나 기도 순서자가 기도)

사랑의 하나님 오늘 ....

....

예수님의 이름으로 기도드립니다. 아멘

4. 중보기도 요청 나누기

① 기도 내용 말하기: ....

② 감사기도 내용 말하기: ....

③ 응답기도 내용 말하기: ....

Memo

아담과 하와는 하나님 말씀에 불순종함으로 형벌을 받았다. 하나님께서는 하나님의 자녀들이 불순종하는 것을 제일 싫어하신다. 하나님의 자녀들이 순종하기를 원하신다. 하나님 말씀에 순종하는 자녀들에게 많은 축복을 주시지만 불순종하는 자녀들에게는 무서운 형벌을 내리신다. 이 사실을 믿고 성도들은 이유나 변명없이 하나님의 뜻에 따르며 순종해야 할 것이다.

〈새끼 꿩의 불순종〉

어미 꿩이 새끼 꿩들에게 열심히 주의를 줬다.

"절대로 너무 멀리 가지는 말아라. 항상 엄마 목소리가 들리는 곳까지만 가야 한다."

다들 엄마 꿩 주위에서 맴돌았는데, 한 마리는 엄마 꿩에게서 멀리 떨어져서 혼자 먹이를 찾고 있었다.

그때, 여우 한 마리가 나타났다. 엄마 꿩은 큰소리로 외쳤고, 새끼 꿩들은 모두 나무 위로 날아올라갔다.

엄마 말을 듣지 않고 너무 멀리 떨어져 있던 새끼 꿩 한 마리는 결국 여우의 밥이 되고 말았다.

그럼 본문을 읽고 생각해 보면서 불순종의 의미와 그 결과에 대해서 알아보고 은혜를 나누는 귀한 시간이 되고자 한다.

1. 불순종이란 하나님의 뜻에 불복종하는 것이다.

불순종이란 하나님의 뜻에 불복종하는 것을 의미하며, 하나님의 뜻이란 하나님의 나라와 의가 나타나는 것을 뜻한다. 아담과 하와는 하나님의 뜻에 불복종하고, 하나님의 나라와 그 의가 들어나는 것을 저버리고 불순종하였다.

믿는 자녀들이 삶 속에서 하나님 뜻에 불복종하고, 하나님의 나라와 의가 나타나지 않는 생활을 할 때 하나님께서 제일 싫어하시고 슬퍼하신다. 그러나 하나님의 뜻을 이루기 위하여 전도하고, 기도하고, 섬기고, 서로 사랑하고 격려할 때 하나님께서 제일 기뻐하시고 성도에게 영, 육으로 축복을 주신다.

삼상 15:23을 읽고 사울 왕이 하나님 뜻에 불복종함으로 어떤 징계가 임했는지 살펴 봅시다.

> 이는 거역하는 것은 점치는 죄와 같고 완고한 것은 사신 우상에게 절하는 죄와 같음이라 왕이 여호와의 말씀을 버렸으므로 여호와께서도 왕을 버려 왕이 되지 못하게 하셨나이다 하니 (삼상 15:23)

2. 불순종이란 하나님을 무시하는 것이다.(4-6절)

불순종의 두 번째 의미는 하나님 말씀을 무시하는 것을 의미한다. 아담과 하와는 하나님 말씀 보다는 사탄의 말에 더 순종하였다. 이것은 하나님을 무시하는 행위이다. 성도가 삶 속에서 하나님보다 우상을 더 섬기고 따른다면, 하나님의 은혜와 사랑을 무시하는 일이다. 하나님 보다도 물질, 명예, 권력, 자기 자신만을 더 사랑하고 믿고 따른다면 이것 역시 하나님을 무시하는 처신들이다.

왕하 18:10-12을 읽고 이스라엘 나라가 앗수르에게 포로된 이유가 어디에 있는지 의논해 봅시다.

> 10삼 년 후에 그 성읍이 함락되니 곧 히스기야 왕의 제육
> 년이요 이스라엘 왕 호세아의 제구년에 사마리아가 함
> 락되매 11앗수르 왕이 이스라엘을 사로잡아 앗수르에
> 이르러 고산 강 가에 있는 할라와 하볼과 메대 사람의

여러 성읍에 두었으니 [12]이는 그들이 하나님 여호와의
말씀을 듣지 아니하고 그의 언약과 여호와의 종 모세가
명령한 모든 것을 따르지 아니하였음이더라

(왕하 18:10-12)

3. 순종하지 않을 때 오는 결과(16-17, 23절)

아담과 하와는 하나님 말씀에 순종하지 않으므로 그 대가를 받았다.

첫째, 아담은 종신토록 수고하여야 살 수 있게 되었다.

둘째, 하와는 잉태하는 산모의 고통을 맛보아야 했다.

셋째, 하와는 남편을 사모하고 섬기며 가정을 돌봐야 했다.

넷째, 아담과 하와는 에덴동산에서 쫓겨나게 되었다.

다섯째, 육과 영혼이 죽게 되었다.

그렇다면 신자가 하나님 앞에서 불순종의 삶을 살 때에는 어떤 결과가 오는 것일까?

> 아들을 믿는 자에게는 영생이 있고 아들에게 순종하지 아니하는 자는 영생을 보지 못하고 도리어 하나님의 진노가 그 위에 머물러 있느니라 (요 3:36)

> [8]하나님을 모르는 자들과 우리 주 예수의 복음에 복종
> 하지 않는 자들에게 형벌을 내리시리니 [9]이런 자들은
> 주의 얼굴과 그의 힘의 영광을 떠나 영원한 멸망의 형벌을 받으리로다 (살후 1:8-9)

성도는 삶 속에서 아담과 하와같은 길을 가지 말아야 할 것이다. 순종하지 않으므로, 소망과 평안과 기쁨이 없는 고통과 죽음만이 있는 길을 걸어가서는 안될 것이다. 한줌의 흙으로

Memo

Memo

돌아가며, 영원히 지옥에서 고통당하는 길을 가지 않도록, 하나님 말씀에 순종하며 살아가야 할 것이다.

♣ 나눔의 시간 갖기

1. 오늘 말씀을 중심으로 삶에 적용해 보세요.

....

....

2. 기도

사랑의 하나님, 오늘

....

....

....

예수님의 이름으로 기도드립니다. 아멘

3. 광고

① ....

② ....

③ ....

4. 차시예고 (다음 구역공과 은혜시간에 중보기도 요청 내용과 감사의 기도 내용을 미리 공과에 적어오세요.)

5. 주기도문

19

말씀에 순종하는 삶

19이에 그들이 그들의 고통 때문에 여호와께 부르짖으매 그가 그들의 고
통에서 그들을 구원하시되 20그가 그의 말씀을 보내어 그들을 고치시고
위험한 지경에서 건지시는도다 (시 107:19-20)

Memo

♣ 마음 나누기

1. 인사 (구역 식구들에게)

① 당신은 주님의 멋진 동력자입니다.

② 당신은 복 받을 사람입니다.

③ 당신은 사랑받기 위해 태어난 사람입니다.

2. 찬송 (546장 주님 약속하신 말씀 위에서)

(1) 주님 약속하신 말씀 위에서 영원토록 주를 찬송하리라
소리 높여 주께 영광 돌리며 약속 믿고 굳게 서리라

(2) 주님 약속하신 말씀 위에서 세상 염려 내게 엄습할때에
용감하게 힘써 싸워 이기며 약속 믿고 굳게 서리라

(3) 주님 약속하신 말씀 위에서 영원하신 주의 사랑 힘입고
성령으로 힘써 싸워 이기며 약속 믿고 굳게 서리라

(4) 주님 약속하신 말씀 위에서 성령 인도 하는대로 행하며
주님 품에 항상 안식 얻으며 약속 믿고 굳게 서리라

(후렴) 굳게서리 영원하신 말씀 위에 굳게 서리
굳게서리 그 말씀 위에 굳게 서리라

3. 기도 (인도자나 기도 순서자가 기도)

....

....

4. 중보기도 요청 나누기

① 기도 내용 말하기: ....

② 감사기도 내용 말하기: ....

③ 응답기도 내용 말하기: ....

Memo

하나님의 말씀은 그 자체로 생명력과 창조력을 지닌다. 말씀 자체가 능력이며 생명이다. 이런 말씀에 대해 우리가 순종하는 삶을 살 때, 그 말씀은 우리의 생활과 생애를 변화시키는 놀라운 위력이 된다. 반대로 이 말씀에 불순종하는 자에게는 오히려 진노를 발하신다. 성도는 하나님 말씀을 하나님 대하듯 하며 순종하는 삶을 사는것이 중요하다.

〈배를 땅에 대고 엎드려 기어와라〉

아프리카의 한 선교센터 부근에서 소년이 나무를 타면서 놀고 있었다. 그런데 급하게 아들을 부르는 아버지의 목소리가 들렸다.

"얘야, 배를 땅에 대고 엎드려! 그리고 빨리 이쪽으로 기어서 와!"

아들은 아버지가 시키는 대로 순종했다. 얼른 땅에 엎드려서 기어왔다.

아들이 놀고 있던 그 나무 위에는 아주 커다란 뱀 한 마리가 혀를 날름거리고 있었다.

우리가 하나님 말씀에 순종하는 삶을 살 때 어떤 역사가 일어나는지 구체적으로 알아봄으로써 은혜받는 시간이 되고자 한다.

1. 구원을 얻는다.

말씀에 순종하여 살면 마귀가 지배하던 내 인생, 내 가정에 주님이 찾아오셔서 나의 삶과 가정에 주인이 되어 주시고, 구원을 주신다.

마귀는 도둑, 강도보다 더 악한 영적 존재이다. 그는 영적 강도이다. 그러므로 마귀는 우리의 모든 것을 해한다. 그러나 예수가 주인인 우리 가정, 인생은 절대로 해하지 못하며, 왔다가도 도망갈 것이다. 마귀가 제일 무서워하고 싫어하는 것이 예수님이고 하나님 말씀에 순종하며 사는 하나님의 자녀들이다. 예수님이 함께 하시는 한 마귀가 우리를 넘어뜨리지 못한다.

행 16:31, 롬 10:11-13을 읽고 하나님 말씀에 순종하여 예수를 믿을 때 어떤 축복을 받는지 알아보도록 합시다.

> 이르되 주 예수를 믿으라 그리하면 너와 네 집이 구원을 받으리라 하고 (행 16:31)

> 11성경에 이르되 누구든지 그를 믿는 자는 부끄러움을 당하지 아니하리라 하니 12유대인이나 헬라인이나 차별이 없음이라 한 분이신 주께서 모든 사람의 주가 되사 그를 부르는 모든 사람에게 부요하시도다 13누구든지 주의 이름을 부르는 자는 구원을 받으리라
>
> (롬 10:11-13)

2. 위경에서 건져 주신다.

내가 원수 마귀로부터 위경 당할 때 기도하면 주님은 말씀을 보내어 건져 주신다. 성도는 어떤 난관, 위경이 와도 말씀만 붙들면 극복할 수 있다. 그러나 말씀을 붙들지 않으면 금방 쓰러진다.

믿음 좋아 보이던 사람들이 어찌하여 때때로 쓰러지고 무너지는가? 하나님 말씀을 붙들지 않기 때문이다. 하나님 말씀을 전적으로 순종하지 않기 때문이다. 하나님 말씀보다 세상을 더 의지하고 순종하기 때문에 무너지는 것이다. 그러므로 성도는

어떤 위경, 곤경에 처하는 일이 있더라도 하나님 말씀에 순종하며 나가야 한다. 그리하면 하나님의 손길이 나와 함께 하셔서 위경에서 건져 주시는 은혜가 임하게 될 것이다.

시 107:19-20을 읽고 위경에서 기도할 때 하나님의 도움이 어떻게 임하는지 다같이 찾아 봅시다.

> [19]이에 그들이 그들의 고통 때문에 여호와께 부르짖으매 그가 그들의 고통에서 그들을 구원하시되 [20]그가 그의 말씀을 보내어 그들을 고치시고 위험한 지경에서 건지시는도다 (시 107:19-20)

3. 기적이 일어난다.

눅 5:5-6을 보면 베드로가 갈릴리 바다 가장자리에서 밤새 맴돌며 고기를 잡아 보았으나 한 마리도 못 잡고 근심하고 있을 때 주님이 말씀하신 대로 순종하여 그물을 깊은 곳에 던졌으니 그물이 찢어질 정도로 고기가 잡히는 기적의 역사가 일어났다.

마 7:24-25, 행 5:32을 읽고 말씀에 순종할 때 어떤 축복을 받는지 이야기해 보도록 하자.

> [24]그러므로 누구든지 나의 이 말을 듣고 행하는 자는 그 집을 반석 위에 지은 지혜로운 사람 같으리니 [25]비가 내리고 창수가 나고 바람이 불어 그 집에 부딪치되 무너지지 아니하나니 이는 주추를 반석 위에 놓은 까닭이요 (마 7:24-25)

> 우리는 이 일에 증인이요 하나님이 자기에게 순종하는 사람들에게 주신 성령도 그러하니라 하더라 (행 5:32)

Memo

신앙 승리의 비결은 은혜와 가장자리에서 이리저리 맴돌면 안된다. 은혜의 깊은 자리로 들어가야 승리하며 기적의 역사를 체험할 수 있다.

교회생활 하는데 있어서도 마찬가지다. 몇 달, 몇 년 씩이나 다녔으면서도 형편따라, 생활따라 이리저리 방황하는 신앙을 갖지 말고, 은혜의 깊은 곳으로 나아가는 신앙인이 되어야 한다.

> 내가 주께 대하여 귀로 듣기만 하였사오나 이제는 눈으로 주를 뵈옵나이다 (욥 42:5)

우리가 이렇게 할 때 하나님의 기적의 역사를 욥과 같이 귀로만 듣는 것이 아니라 눈으로 직접 보게 되는 축복을 받는다 (욥 42:5 참고).

♣ 나눔의 시간 갖기

Memo

1. 오늘 말씀을 중심으로 삶에 적용해 보세요.

2. 기도

사랑의 하나님 오늘

예수님의 이름으로 기도드립니다. 아멘

3. 광고

①

②

③

4. 차시예고 (다음 구역공과 은혜시간에 중보기도 요청 내용과 감사의 기도 내용을 미리 공과에 적어오세요.)

5. 주기도문

20

초대교회와 복음 전도

4그 흩어진 사람들이 두루 다니며 복음의 말씀을 전할새 5빌립이 사마리
아 성에 내려가 그리스도를 백성에게 전파하니 6무리가 빌립의 말도 듣고
행하는 표적도 보고 한마음으로 그가 하는 말을 따르더라 7많은 사람에게
붙었던 더러운 귀신들이 크게 소리를 지르며 나가고 또 많은 중풍병자와
못 걷는 사람이 나으니 8그 성에 큰 기쁨이 있더라 (행 8:4-8)

♣ 마음 나누기

1. 인사 (구역 식구들에게)

① 당신은 주님의 멋진 형제(자매)입니다.

② 당신은 오늘 건강해 보이십니다.

③ 당신과 함께하여 기쁩니다.

2. 찬송 (183장 빈 들에 마른 풀같이)

(1) 빈 들에 마른 풀같이 시들은 나의 영혼
주님이 약속한 성령 간절히 기다리네
(2) 반가운 빗소리 들려 산천이 춤을 추네
봄비로 내리는 성령 내게도 주옵소서
(3) 철 따라 우로를 내려 초목이 무성하니
갈급한 내 심령 위에 성령을 부으소서
(4) 참 되신 사랑의 언약 어길 수 있사오랴
오늘에 흡족한 은혜주실 줄 믿습니다
(후렴) 가물어 메마른 땅에 단비를 내리시듯
성령의 단비를 부어 새 생명 주옵소서 아멘

3. 기도 (인도자나 기도 순서자가 기도)

사랑의 하나님 오늘 ....

....

예수님의 이름으로 기도드립니다 아멘

4. 중보기도 요청 나누기

① 기도 내용 말하기: ....

② 감사기도 내용 말하기: ....

③ 응답기도 내용 말하기: ....

초대교회의 상황은 오늘날과 같이 평안한 시대가 아니다. 당시는 로마 통치하에 있었으며, 유대교의 대제사장이나 서기관들과 백성들의 핍박과 압력으로 인하여 복음을 전하는데도 많은 곤경이 있었다. 그렇지만 초대교회의 최초 50여년 동안은 엄청난 복음화의 역사가 일어났다. 최초 교인의 숫자는 120여 명밖에 되지 않았지만, 어느 날부터 하루에 3천 명(행 2:41)이 증가하였고, 얼마 후에는 5천 명(행 4:4)으로 급증하였다.

제임스 스투어드는 초대교회 모습을 이 같이 말했다. "사도들이 활동한 기간은 약 53년 동안이었다. 그렇지만 그들은 초대교회를 얼마나 뜨겁게 이끌고 나갔던가! 만일 그 후대 교회들이 사도들이 보여준 본을 그대로 본 받았다면 세계는 지금보다 50배나 더 복음화 되었을 것이다."

그렇다면 초대교회는 복음을 어떻게 전했는가?

1. 생활 현장을 통해 복음을 전했다.

초대교회 성도들은 예수를 믿는다는 단 한 가지의 이유만으로 엄청난 고난과 핍박을 받았다. 그렇지만 그들은 그 사실로 인해 낙심하지 않았다. 오히려 천지사방으로 핍박을 피해 흩어졌지만, 그들은 그들의 생활 현장을 통해 복음을 증거하였던 것이다.

우리가 우리의 생활 현장을 통해서 복음을 증거하는 것은 대단히 중요하다. 사마리아 교회는 무명의 성도들이 생활 현장에서 흩어져 복음을 전함으로 세워졌고(행 8:4), 안디옥 교회

역시 흩어진 자들로 인해 세워졌다는 사실을 기억하자.

행 11:19-21, 행 8:4을 읽고 흩어진 성도들이 생활 현장을 통해 복음전할 때 어떤 역사가 일어났는지 살펴봅시다.

> [19]그 때에 스데반의 일로 일어난 환난으로 말미암아 흩
> 어진 자들이 베니게와 구브로와 안디옥까지 이르러 유
> 대인에게만 말씀을 전하는데 [20]그 중에 구브로와 구레
> 네 몇 사람이 안디옥에 이르러 헬라인에게도 말하여 주
> 예수를 전파하니 [21]주의 손이 그들과 함께 하시매 수많
> 은 사람들이 믿고 주께 돌아오더라 (행 11:19-21)

> 그 흩어진 사람들이 두루 다니며 복음의 말씀을 전할새 (행 8:4)

2. 성령이 충만하여 복음을 전했다.

초대교회가 뜨겁게 복음을 전하게 된 것은 오순절 성령 강림사건 이후였다. 그들은 이전까지만 해도 냉랭한 그리스도인이었다. 하지만 오순절 이후부터 저들은 복음 전하는데 담대했다. 초대교회가 얼마나 복음 전파에 담대했던지 그들은 온갖 핍박, 어려움도 능히 극복하고 전했던 것이다.

초대교회가 어떻게 담대히 복음을 전파할 수 있었는지 살펴보는 것은 우리의 복음 전도에 대단히 중요하다.

> 이에 베드로가 성령이 충만하여 이르되 백성의 관리들과 장로들아 (행 4:8)

> 스데반이 은혜와 권능이 충만하여 큰 기사와 표적을 민간에 행하니 (행 6:8)

복음 전파의 원동력은 성령충만이다. 성령은 믿는 자의 입술을 통해 강퍅하고 완악한 심령을 부드럽게 녹아지게 하여 복음을 받아들이게 한다. 그러므로 우리가 복음 전파에 성공하려면 성령충만으로 무장되지 않으면 안된다.(행 2:37 참고)

3. 복음의 핵심을 전했다.

초대교회 사도들이 전한 복음의 핵심은 무엇인지 행 4:2, 17:18을 살펴 봅시다.

> 예수 안에 죽은 자의 부활이 있다고 백성을 가르치고 전함을 싫어하여 (행 4:2)

> 어떤 에피쿠로스와 스토아 철학자들도 바울과 쟁론할새 어떤 사람은 이르되 이 말쟁이가 무슨 말을 하고자 하느냐 하고 어떤 사람은 이르되 이방 신들을 전하는 사람인가보다 하니 이는 바울이 예수와 부활을 전하기 때문이러라 (행 17:18)

초대교회의 복음의 핵심은 예수 부활 사건에 대한 증거이다. 그렇다면 마지막 시대의 복음의 핵심은 달라져야 한다. 그것은 무엇인지 말해 봅시다.(마 24장 참고)

사도들은 복음을 전할 때 자기들의 산 믿음의 체험을 전했다. 그들의 살아있는 신앙 간증은 사람들의 가슴에 뜨거운 불씨를 던졌으며, 사람들의 마음을 녹아지게 했다. 뿐만 아니라 사도들은 녹아내려 열려 있는 백성들에게 복음의 핵심이요, 능력이 되는 말씀을 전했다.

Memo

Memo

♣ 나눔의 시간 갖기

1. 오늘 말씀을 중심으로 삶에 적용해 보세요.

2. 기도

사랑의 하나님 오늘

예수님의 이름으로 기도드립니다. 아멘

3. 광고

①

②

③

4. 차시예고 (다음 구역공과 은혜시간에 중보기도 요청 내용과 감사의 기도 내용을 미리 공과에 적어오세요.)

5. 주기도문

21

초대교회와 헌신 봉사

1그러므로 형제들아 내가 하나님의 모든 자비하심으로 너희를 권하노니
너희 몸을 하나님이 기뻐하시는 거룩한 산 제물로 드리라 이는 너희가 드
릴 영적 예배니라 2너희는 이 세대를 본받지 말고 오직 마음을 새롭게 함
으로 변화를 받아 하나님의 선하시고 기뻐하시고 온전하신 뜻이 무엇인
지 분별하도록 하라 (롬 12:1-2)

Memo

♣ 마음 나누기

1. 인사 (구역 식구들에게)

① 당신은 은혜가 풍성한 사람입니다.

② 당신은 주님의 일꾼입니다.

③ 당신은 주님의 충성된 종입니다.

2. 찬송 (323장 부름 받아 나선 이 몸)

(1) 부름 받아 나선 이 몸 어디든지 가오리다
괴로우나 즐거우나 주만 따라 가오리니
어느 누가 막으리까 죽음인들 막으리까
어느 누가 막으리까 죽음인들 막으리까

(2) 아골 골짝 빈들에도 복음들고 가오리다
소돔 같은 거리에도 사랑 안고 찾아가서
종의 몸에 지닌 것도 아낌 없이 드리리다
종의 몸에 지닌 것도 아낌 없이 드리리다

(3) 존귀 영광 모든 권세 주님 홀로 받으소서
멸시 천대 십자가는 제가 지고 가오리다
이름 없이 빛도 없이 감사하며 섬기리다
이름 없이 빛도 없이 감사하며 섬기리다 아멘

3. 기도 (인도자나 기도 순서자가 기도)

....

4. 중보기도 요청 나누기

① 기도 내용 말하기: ....

② 감사기도 내용 말하기: ....

③ 응답기도 내용 말하기: ....

오순절 마가의 다락방에서 일어난 성령 체험은 초대교회 성도들로 하여금 교회와 주님을 위하여 100% 헌신하는 사람으로 변화시켰다.

그렇다면 초대교회는 성령충만으로 어떻게 변화 되었는가?

〈종 치다가 하늘나라로〉

스위스의 어느 마을에, 40년 동안이나 교회의 종을 치다가 하늘나라로 간 사람이 있었다.

어느 주일 저녁, 늙고 병이 들어 움직이기조차 힘들어하던 그가 저녁 종을 칠 시간이 되자 있는 힘을 다 내어 자리에서 일어났다. 주위 사람들의 만류를 뿌리치고 종을 치러 나갔다.

종 치기를 끝낸 그는 그 자리에서 쓰러져 다시는 일어나지 못하고 말았다. 그 시간 하늘나라에서는 충성의 면류관이 준비되어 있었다.

오늘날 우리에게는 21세기의 오순절 성령 체험이 필요하다. 성령님은 우리가 주님 앞에 헌신, 봉사하는데 있어 가장 중요한 영적인 원동력이다.

1. 주님 앞에 온전한 헌신을 했다.

도슨 트로트맨이란 사람은 이런 말을 했다. “하나님께서는 90% 헌신한 100명의 사람보다, 100% 헌신한 한 사람을 통하여 더 크게 역사 하실 수 있다.”

초대교회는 오순절 성령 강림 사건 이후로부터 주님 앞에 온전히 전 인격적으로 헌신하는 교회로 변했다. 초대교회는

Memo

100% 헌신한 사도들과 90% 헌신한 성도들로 조직된 교회가 아니다. 그들은 처음 120명 교인들이었지만, 모두가 100% 헌신한 핵심적인 사람들이었다. 그렇기 때문에 최초 1세기도 못 되어서 초대교회는 온갖 환난과 핍박중에도 불구하고 소아시아 일대까지 복음화의 물결을 이룰 수 있었던 것이다.

오늘날 우리가 주님께 헌신하는데 있어서 어떤 이유, 조건을 앞세울 수는 없다. 주님께 헌신하려는 사람은 신앙의 우선순위에 성공해야 한다.

신 6:4-7, 마 6:33을 읽고 신앙의 우선순위에 대하여 살펴봅시다.

> 4이스라엘아 들으라 우리 하나님 여호와는 오직 유일한 여호와이시니 5너는 마음을 다하고 뜻을 다하고 힘을 다하여 네 하나님 여호와를 사랑하라 6오늘 내가 네게 명하는 이 말씀을 너는 마음에 새기고 7네 자녀에게 부지런히 가르치며 집에 앉았을 때에든지 길을 갈 때에든지 누워 있을 때에든지 일어날 때에든지 이 말씀을 강론 할 것이며 (신 6:4-7)

> 그런즉 너희는 먼저 그의 나라와 그의 의를 구하라 그리하면 이 모든 것을 너희에게 더하시리라 (마 6:33)

2. 산 제사를 헌신했다.

구약의 성도들은 매년 절기(유대명절)가 되면 소, 양, 염소 등을 잡아서 희생 제물로 하나님께 헌신의 표시로 드렸다.

신약의 성도들은 예수께서 십자가 상에서 단번에 우리 모든 죄를 위한 희생의 속죄 제물이 되셨으므로 희생 제사를 드릴 필요는 없다. 그렇다면 신약의 성도는 주님 앞에 어찌해야 할 것인가? 주님은 우리에게 '희생의 제사' 대신에 '산 제사' 를 드리도록 요구하면서, 이것이 우리가 드릴 영적인 예배라고 말씀하셨다.

· 산 제사란 온갖 죄악으로 인하여 지옥 가도 할 말 없는 나를 위해 대신 십자가에 죽으신 주님 은혜에 감사하고 감격하여 영혼과 육체뿐만 아니라 나의 전 소유를 하나님께 헌신하여 드리는 삶을 의미한다.

롬 12:1을 읽고 주일날 라디오 또는 T.V로 예배드리는 것의 문제점을 살펴보고, 롬 12:2을 읽고 왜 이 세대를 본받지 말라고 했는지 생각해 봅시다.

> 1그러므로 형제들아 내가 하나님의 모든 자비하심으로 너희를 권하노니 너희 몸을 하나님이 기뻐하시는 거룩한 산 제물로 드리라 이는 너희가 드릴 영적 예배니라 2 너희는 이 세대를 본받지 말고 오직 마음을 새롭게 함으로 변화를 받아 하나님의 선하시고 기뻐하시고 온전하신 뜻이 무엇인지 분별하도록 하라
>
> (롬 12:1-2)

3. 청지기 정신으로 헌신했다.

청지기란 '맡은 자' 라는 뜻으로써, 주인의 집에서 그 집의 모든 소유를 맡아서 관리하는 자라는 뜻이다. 모든 것의 주인은 하나님이시고, 지금 내게 있는 모든 것은 하나님께서 그것을 통해 당신의 뜻을 나타내고 복음으로 만방에 생명 구원을 위해 쓸 수 있도록 맡기신 것이라는 사실이다.

성령충만한 초대교회는 이런 의식이 철저했다. 그러므로 그들은 모든 소유를 통해 주님을 섬기며 헌신했다.

행 2:44-47을 읽고 초대교회의 청지기 정신을 살펴봅시다.

> 44믿는 사람이 다 함께 있어 모든 물건을 서로 통용하고
> 45또 재산과 소유를 팔아 각 사람의 필요를 따라 나눠 주
> 며 46날마다 마음을 같이하여 성전에 모이기를 힘쓰고
> 집에서 떡을 떼며 기쁨과 순전한 마음으로 음식을 먹고
> 47하나님을 찬미하며 또 온 백성에게 칭송을 받으니 주
> 께서 구원 받는 사람을 날마다 더하게 하시니라
> (행 2:44-47)

4. 복음을 위해 헌신했다.

헌신 중에 가장 중요한 헌신은 복음에 대한 헌신이다.

행 8:1-4을 읽고 사마리아 교회가 어떻게 생겼는지 살펴보고 이야기 해봅시다.

> 1사울은 그가 죽임 당함을 마땅히 여기더라 그 날에 예
> 루살렘에 있는 교회에 큰 박해가 있어 사도 외에는 다
> 유대와 사마리아 모든 땅으로 흩어지니라 2경건한 사람
> 들이 스데반을 장사하고 위하여 크게 울더라 3사울이
> 교회를 잔멸할새 각 집에 들어가 남녀를 끌어다가 옥에
> 넘기니라 4그 흩어진 사람들이 두루 다니며 복음의 말
> 씀을 전할새 (행 8:1-4)

우리가 청지기로 헌신하고, 하나님께서 우리를 축복하심은 복음을 위해 땅끝까지 이르러 헌신하여 한 생명, 한 영혼이라도 더 구원하시려는 하나님의 뜻이 숨어 있다. 우리도 기복적인 예수를 믿지 말고, 복음을 위해 오로지 헌신하는 신앙을 갖자.

본문을 중심해서 우리 교회가 부흥하려면 어떻게 하면 좋을지 생각해 봅시다.

♣ 나눔의 시간 갖기

Memo

1. 오늘 말씀을 중심으로 삶에 적용해 보세요.

2. 기도

사랑의 하나님, 오늘

예수님의 이름으로 기도드립니다. 아멘

3. 광고

①

②

③

4. 차시예고 (다음 구역공과 은혜시간에 중보기도 요청 내용과 감사의 기도 내용을 미리 공과에 적어오세요.)

5. 주기도문

22

초대교회와 일곱 집사

1그 때에 제자가 더 많아졌는데 헬라파 유대인들이 자기의 과부들이 매일
의 구제에 빠지므로 히브리파 사람을 원망하니 2열두 사도가 모든 제자를
불러 이르되 우리가 하나님의 말씀을 제쳐 놓고 접대를 일삼는 것이 마땅
하지 아니하니 3형제들아 너희 가운데서 성령과 지혜가 충만하여 칭찬 받
는 사람 일곱을 택하라 우리가 이 일을 그들에게 맡기고 4우리는 오로지
기도하는 일과 말씀 사역에 힘쓰리라 하니 5온 무리가 이 말을 기뻐하여
믿음과 성령이 충만한 사람 스데반과 또 빌립과 브로고로와 니가노르와
디몬과 바메나와 유대교에 입교했던 안디옥 사람 니골라를 택하여 6사도
들 앞에 세우니 사도들이 기도하고 그들에게 안수하니라 7하나님의 말씀
이 점점 왕성하여 예루살렘에 있는 제자의 수가 더 심히 많아지고 허다한
제사장의 무리도 이 도에 복종하니라 (행 6:1-7)

♣ 마음 나누기

Memo

1. 인사 (구역 식구들에게)

① 당신은 오늘 행복의 주인공입니다.

② 당신은 주님의 사랑의 메신저입니다.

③ 당신과 함께하여 행복합니다.

2. 찬송 (찬송가 184장 불길 같은 주 성령)

(1) 불길 같은 주 성령 간구하는 우리게 지금 강림하셔서
영광 보여 주소서

(2) 주의 제단 불 위에 우리 몸과 영혼과 우리가진 모든것
지금 바치옵니다

(3) 모든 것 다 바치고 비고 빈 내 마음에 성령 충만하도록
주여 채워주소서

(4) 구속하신 주께서 약속하신 성령을 믿고 간구하오니
지금 내려 주소서

(후렴) 성령이여 임하사 우리 영의 소원을 만족하게 하소서 기다리는
우리게 불로 불로 충만하게 하소서 아멘

3. 기도 (인도자나 기도 순서자가 기도)

사랑의 하나님 오늘 ……………………………………

……………………………………

예수님의 이름으로 기도드립니다 아멘

4. 중보기도 요청 나누기

① 기도 내용 말하기: ……………………

② 감사기도 내용 말하기: ……………………

③ 응답기도 내용 말하기: ……………………

미국 군인 역사상 가장 유명한 장군 중에 맥아더 장군이란 사람이 있는데, 그는 육사 졸업식에서 다음과 같이 연설을 했다. "전쟁은 앞으로 어떠한 양상으로 변하든지 시작했으면 반드시 이겨야 한다."

지상 교회는 영적으로 전투적 교회이다. 그러므로 원수 마귀 사탄과의 영적 싸움에서 어떠한 도전도 능히 물리칠 수 있는 신앙적 자세가 준비되어 있어야 한다.

〈이분이 가라고 해서〉

백만장자 사업가와 수녀가 아프리카 여행길에서 만났다.

"수녀님은 어디로 가시는 길입니까?"

"예, 나병환자 촌에 갑니다."

"예? 나 같으면 몇 천 만원을 준다해도 가지 않을 겁니다."

"저 역시 그 정도의 돈을 받고는 가지 않습니다."

"예, 뭐라고요? 그럼 수녀님은 도대체 얼마나 많이 받고 그 곳으로 가십니까?"

수녀가 십자가 목걸이를 보이며 말했다.

"저는 돈을 받고 가는 것이 아닙니다. 다만 이분이 가라고 해서요."

초대교회는 영적 전쟁에서 승리한 모범적인 교회 모습을 우리에게 보여준다. 예수님은 일꾼을 선택하여 잘 훈련시켜서 교회를 위해 헌신되어 일하도록 했다.

뿐만 아니라 사도들 역시 교회를 위해 헌신된 일꾼을 세웠으니 바로 초대교회의 일곱 집사들은 사탄의 방해를 물리치고 주님을 위해 헌신된 신자들의 신앙적 모델이 된다.

1. 성령이 충만한 자

초대교회의 일곱 집사들이 하나님의 교회에서 귀하게 쓰임 받은 중요한 요인 중에 하나는 저들이 성령충만한 자들이었기 때문이다. 그러한 사실은 오늘날 우리들에게 영적인 도전을 준다. 주님의 일은 인간의 수단, 방법, 힘과 능력으로 할 수 없다. 성령님께서 인도해 주셔야만 내 사명을 감당할 수 있다.

성경을 보면 맡은 바 사명에 승리한 사람들의 공통점이 성령충만한 자들이었다.

행 7:54-60을 읽고 스데반 집사의 순교의 담대함이 어느 곳에서부터 왔는지 살펴보시오.

> 54그들이 이 말을 듣고 마음에 찔려 그를 향하여 이를 갈
> 거늘 55스데반이 성령 충만하여 하늘을 우러러 주목하
> 여 하나님의 영광과 및 예수께서 하나님 우편에 서신
> 것을 보고 56말하되 보라 하늘이 열리고 인자가 하나님
> 우편에 서신 것을 보노라 한대 57그들이 큰 소리를 지르
> 며 귀를 막고 일제히 그에게 달려들어 58성 밖으로 내치
> 고 돌로 칠새 증인들이 옷을 벗어 사울이라 하는 청년
> 의 발 앞에 두니라 59그들이 돌로 스데반을 치니 스데반
> 이 부르짖어 이르되 주 예수여 내 영혼을 받으시옵소서
> 하고 60무릎을 꿇고 크게 불러 이르되 주여 이 죄를 그들
> 에게 돌리지 마옵소서 이 말을 하고 자니라
>
> (행 7:54-60)

2. 지혜가 충만한 자

신자가 주님의 교회에서 바른 사명을 감당하려면 성령충만한 것만 가지고는 부족하다. 하나님의 교회는 사람들이 모인 곳이므로 인간관계와 덕이 있어야 한다. 신자가 하나님의 교회에서 신자간에 아름다운 덕을 나타내며 주님의 몸된 교회를 세

워가려면 지혜가 필요하다. 지혜란 인간에게서 비롯된 세상적인 지혜가 아니라 성령의 계시에 의한 구원을 이루게 하는 지혜를 의미한다.

초대교회는 복음 전도에 있어 지혜가 충만한 집사들이 있었기에 구원받는 사람들이 날마다 늘어났던 것이다.

잠언의 저자 솔로몬은 지혜에 대해서 특별한 관심이 있는 사람이었는데, 그의 말에 귀를 기울여 보는 것은 중요할 것이다. 잠 2:6-7, 3:18, 4:7을 읽고 말씀을 살펴봅시다.

> 6대저 여호와는 지혜를 주시며 지식과 명철을 그 입에서 내심이여 7그는 정직한 자를 위하여 완전한 지혜를 예비하시며 행실이 온전한 자에게 방패가 되시나니
> (잠 2:6-7)

> 지혜는 그 얻은 자에게 생명 나무라 지혜를 가진 자는 복되도다 (잠 3:18)

> 지혜가 제일이니 지혜를 얻으라 네가 얻은 모든 것을 가지고 명철을 얻을지니라 (잠 4:7)

3. 칭찬 듣는 사람

마귀는 하나님 교회에서 다툼과 분쟁을 일으키지만, 성령의 사람은 하나님 교회에서 칭찬을 받는다.

> 17하나님의 나라는 먹는 것과 마시는 것이 아니요 오직 성령 안에 있는 의와 평강과 희락이라 18이로써 그리스도를 섬기는 자는 하나님을 기쁘시게 하며 사람에게도 칭찬을 받느니라 19그러므로 우리가 화평의 일과 서로 덕을 세우는 일을 힘쓰나니 (롬 14:17-19)

Memo

Memo

하나님의 교회가 부흥하고 복음이 전파되려면 믿음의 사람들이 하나님과 세상에서 칭찬을 받아야 한다.

"역시 믿는 사람들은 뭔가 다른 데가 있어!" 라고 세상에서 신자가 칭찬들을 때 저들도 교회에 나오고 싶은 생각이 들 것이다.

초대교회 일곱 집사는 칭찬 듣는 사람들이었다. 저들은 하나님과 사람에게 겸하여 칭찬을 받았던 것이기에 초대교회에서 아름답게 사명을 감당할 수 있었다.

♣ 나눔의 시간 갖기

Memo

1. 오늘 말씀을 중심으로 삶에 적용해 보세요.

2. 기도

사랑의 하나님 오늘

예수님의 이름으로 기도드립니다. 아멘

3. 광고

①

②

③

4. 차시예고 (다음 구역공과 은혜시간에 중보기도 요청 내용과 감사의 기도 내용을 미리 공과에 적어오세요.)

5. 주기도문

23

초대교회와 부흥의 원동력

29주여 이제도 그들의 위협함을 굽어보시옵고 또 종들로 하여금 담대히
하나님의 말씀을 전하게 하여 주시오며 30손을 내밀어 병을 낫게 하시옵
고 표적과 기사가 거룩한 종 예수의 이름으로 이루어지게 하옵소서 하더
라 31빌기를 다하매 모인 곳이 진동하더니 무리가 다 성령이 충만하여 담
대히 하나님의 말씀을 전하니라 (행 4:29-31)

Memo

♣ 마음 나누기

1. 인사 (구역 식구들에게)

① 주님의 이름으로 환영합니다.

② 나는 오늘 축복의 주인공이 되고 싶습니다.

③ 주님의 이름으로 축복합니다.

2. 찬송 (찬송가 510장 하나님의 진리 등대)

(1) 하나님의 진리 등대 길이 길이 빛나니
우리들도 등대되어 주의 사랑 비추세
(2) 죄의 밤은 깊어가고 성난 물결 설렌다
어디 불빛 없는 가고 찾는 무리 많구나
(3) 너의 등불 돋우어라 거친 바다 비춰라
빛을 찾아 헤매는 이 생명 선에 건져라
(후렴) 우리 작은 불을 켜서 험한 바다 비추세
물에 빠져 헤매는 이 건져 내어 살리세

3. 기도 (인도자나 기도 순서자가 기도)

사랑의 하나님 오늘 ....

....

....

예수님의 이름으로 기도드립니다. 아멘

4. 중보기도 요청 나누기

① 기도 내용 말하기: ....

② 감사기도 내용 말하기: ....

③ 응답기도 내용 말하기: ....

교회 부흥은 하나님의 뜻이며, 전 세계 모든 교회의 소원이고, 하나님 백성된 신자들의 열망이다. 하지만 원수 마귀는 이런 교회 부흥을 방해하기 위하여 오늘도 끊임없이 역사하고 있다. 그러므로 오늘날 부흥을 위한 교회의 전략은 원수 마귀의 도전을 능히 무너뜨릴 수 있을 만치 총명하고 뛰어나야 할 것이며, 저들의 세력을 누를 수 있을 만치 강력해야 할 것이다.

〈나는 혼자가 아닙니다〉

아프리카 선교사 리빙스턴이 박사학위를 받기 위해 영국으로 잠시 귀국했다. 사자에게 물린 자국과 아프리카 풍토병인 열병으로 수도 없이 쓰러졌던 그는 몹시 수척했다. 그러나 그는 다시 아프리카로 가겠다고 했다.

"나는 혼자가 아닙니다. 주님께서 함께 가십니다. 그러니 아무 염려하지 마십시오."

초대교회는 가장 짧은 기간 동안에 죄악된 원수 마귀의 진영을 파하고, 엄청난 부흥을 이룩한 기적을 이루었다. 우리는 이런 초대교회의 부흥의 원동력을 우리의 것으로 습득하는데 최선을 다해야 할 것이다.

1. 성령의 역사에 의존(8절)

오늘날 지나간 교회 역사를 살펴볼 때에 초대교회의 능력과 권능으로 되돌아 간 시대마다 언제나 엄청난 부흥의 역사가 있었음을 알 수 있듯이, 초대교회는 성령의 역사가 충만한 교회였다.

사실 초대교회는 마가 다락방 사건, 곧 오순절 성령의 역사가 있기 이전에는 예수님의 12제자들까지도 주님이 십자가에 달리는 위험에 처하게 되자 모두가 부인하고 도망가는 그런 허약한 교회였다. 그러나 오순절에 마가의 다락방에서 성령의 역사를 체험한 이후부터는 순교를 두려워하지 않고 교회를 확장 부흥시켜서 제 4세기에는 전체 로마 제국을 복음화시키는 대업을 이루는 능력있는 교회가 되었다. 이런 초대교회의 모습은 전적으로 성령의 역사에 의존된 교회 모습을 우리에게 보여준다. 오늘날도 성령의 역사는 교회 부흥의 원동력이며, 생명력이고, 핵심사항이 된다.

행 2:4, 13을 읽고 우리에게 주시는 말씀의 의미를 생각해 봅시다.

> [4]그들이 다 성령의 충만함을 받고 성령이 말하게 하심을 따라 다른 언어들로 말하기를 시작하니라 [13]또 어떤 이들은 조롱하여 이르되 그들이 새 술에 취하였다 하더라 (행 2:4, 13)

2. 담대한 복음 전파(29절)

초대교회는 성령의 역사에 의존하여 성령충만을 받은 이후부터는 죄악된 세상으로 나가서 불신 영혼들에게 담대히 복음을 전하기 시작했다.

사실 초대교회는 복음 전하기가 심히 어려운 상황이었다. 저들은 복음을 전했다는 단 하나의 이유만으로도 사자 굴에 던짐을 받거나, 찢김을 당하기 일쑤였다. 하지만 주님을 사랑하고, 교회를 사랑하며, 복음의 확장을 갈망하는 신자들의 열심은 그 어떤 무력과 권력의 힘으로도 막을 수 없었으며, 결국 초대교회는 무수한 영혼들을 구원하는데 성공한 것이다.

> [29]주여 이제도 그들의 위협함을 굽어보시옵고 또 종들
> 로 하여금 담대히 하나님의 말씀을 전하게 하여 주시오
> 며 [31]빌기를 다하매 모인 곳이 진동하더니 무리가 다 성
> 령이 충만하여 담대히 하나님의 말씀을 전하니라
>
> (행 4:29, 31)

> [1]사울은 그가 죽임 당함을 마땅히 여기더라 그 날에 예
> 루살렘에 있는 교회에 큰 박해가 있어 사도 외에는 다
> 유대와 사마리아 모든 땅으로 흩어지니라 [2]경건한 사람
> 들이 스데반을 장사하고 위하여 크게 울더라 [3]사울이
> 교회를 잔멸할새 각 집에 들어가 남녀를 끌어다가 옥에
> 넘기니라 [4]그 흩어진 사람들이 두루 다니며 복음의 말
> 씀을 전할새 [5]빌립이 사마리아 성에 내려가 그리스도를
> 백성에게 전파하니 [6]무리가 빌립의 말도 듣고 행하는
> 표적도 보고 한마음으로 그가 하는 말을 따르더라
>
> (행 8:1-6)

3. 기도에 힘쓰는 생활(30절)

어떤 목사님은 "1시간 전도하기 위해서 2~3시간 기도로 무장하고 나가야 된다."고 말한다. 과연 오늘날 초대교회의 기도 운동을 회복하는 교회가 부흥 발전할 것은 자명하다.

> [30]손을 내밀어 병을 낫게 하시옵고 표적과 기사가 거룩
> 한 종 예수의 이름으로 이루어지게 하옵소서 하더라 [31]
> 빌기를 다하매 모인 곳이 진동하더니 무리가 다 성령이
> 충만하여 담대히 하나님의 말씀을 전하니라
>
> (행 4:30-31)

초대교회의 또 다른 특징 중의 하나는 열심히 기도하기를

힘썼다는 데 있다. 초대교회 성도들은 모이면 말씀공부와 기도를 힘썼으며, 흩어지면 전도하기를 힘썼다.

열심히 기도할 때 성령충만을 얻게 되고, 표적과 기적의 능력이 나타나는 역사를 체험하게 되어 수 많은 사람들이 주님께로 돌아오게 되었던 것이다.

♣ 나눔의 시간 갖기

1. 오늘 말씀을 중심으로 삶에 적용해 보세요.

2. 기도

3. 광고

①

②

③

4. 차시예고 (다음 구역공과 은혜시간에 중보기도 요청 내용과 감사의 기도 내용을 미리 공과에 적어오세요.)

5. 주기도문

24

초대교회와 성령의 역사

20너희는 사도들과 선지자들의 터 위에 세우심을 입은 자라 그리스도 예
수께서 친히 모퉁잇돌이 되셨느니라 21그의 안에서 건물마다 서로 연결하
여 주 안에서 성전이 되어 가고 22너희도 성령 안에서 하나님이 거하실 처
소가 되기 위하여 그리스도 예수 안에서 함께 지어져 가느니라

(엡 2:20-22)

♣ 마음 나누기

1. 인사 (구역 식구들에게)

① 주님의 이름으로 사랑합니다.

② 당신은 축복의 통로입니다.

③ 당신은 주님의 멋진 동력자입니다.

2. 찬송 (197장 은혜가 풍성한 하나님은)

(1) 은혜가 풍성한 하나님은 믿는 자 한 사람 한 사람
어제도 오늘도 언제든지 변찮고 보호해 주시네
(2) 정욕과 죄악에 물든 맘을 성령의 불길로 태우사
정결케 하소서 태우소서 깨끗게 하여 주옵소서
(3) 희생의 제물로 돌아가신 어린 양 우리 주 예수여
구속의 은혜를 내리시사 오늘도 구원해 주소서
(4) 주님의 깊으신 은혜만을 세상에 널리 전하리니
하늘의 능력과 권세로써 오늘도 입혀 주옵소서
(후렴) 주여 성령의 은사들을 오늘도 내리어 주소서
성령의 뜨거운 불길로써 오늘도 충만케 하소서 아멘

3. 기도 (인도자나 기도 순서자가 기도)

사랑의 하나님 오늘

예수님의 이름으로 기도드립니다. 아멘

4. 중보기도 요청 나누기

① 기도 내용 말하기:

② 감사기도 내용 말하기:

③ 응답기도 내용 말하기:

성령님은 교회를 창시하신 분이시고, 교회 안에서 성도를 통하여 역사하시면서 땅끝까지 이르러 복음의 확산과 하나님 나라의 확장을 주장하고 계신다. 기독교를 성령의 종교라고도 하는데, 성령님은 예수 그리스도의 몸된 교회를 부흥시키고, 아름다운 열매를 맺도록 하는 원동력이 되신다. 그러므로 신자는 성령의 사람이 되어야 한다. 성령의 사람이 되어 성령님께 사로잡힌 삶을 살 때 초대교회와 같이 능력있는 그리스도인의 삶을 살 수 있다.

〈지하 무덤 교회 카타콤〉

초대 교회사를 보면 많은 기독교인들이 박해를 받아 수 없이 목숨을 잃었다. 그래서 그들은 공동묘지인, 즉 동굴로 된 지하 무덤 속에 모여서 예배를 드렸다.

지하 4층의 개미굴 구조로 되어 있는 카타콤 속은 매우 음침하며 습했다. 바닥은 시체에서 나온 인(燐)으로 반짝였다. '이 곳에서 어떻게 살았을까?'

그러나 그 곳은 하나님께서 예비하신 피난처였다. 흙은 맨 손으로 팔 수 있을 만큼 물렀으나 일단 공기에 닿으면 아주 딱딱해졌다. 또한 흙에 서는 한약 같은 냄새가 났다. 시체 옆에서도 생활할 수 있는 조건이 갖추어져 있었던 것이다.

요즈음은 자랑스럽게 하나님을 믿을 수 있다. 그러나 우리의 신앙 상태는 초대교회 때와 비교해서 어떨런지?

오늘은 초대교회에서 성령님이 어떻게 역사하셨는지 살펴봄으로써 교회의 원동력이신 성령의 역사를 살펴보려고 한다.

Memo

1. 성령은 교회의 창시자가 되신다.

기독교가 예수 그리스도의 십자가와 부활로 그 기초를 반석 같이 든든하게 세웠다면, 예수께서 승천하신 후 오순절날 마가 다락방에서의 성령 강림은 교회를 창시하시고, 복음의 확장을 도와 수 많은 영혼을 교회를 통해서 구원토록 역사하셨고, 지금도 동일하게 역사하시고 계신다.

교회는 눈에 보이는 건물이 있지만, 보다 근본적인 교회는 눈에 보이지 않는 영적인 교회로써 신자들의 모임이고, 신자 한 사람 한 사람이 날마다 지어져 가는 영적 성숙으로까지 연결되는데, 성령님은 이 역사를 담당하신다.

> 너희도 성령 안에서 하나님이 거하실 처소가 되기 위하여 그리스도 예수 안에서 함께 지어져 가느니라
>
> (엡 2:22)

> 하나님의 성전과 우상이 어찌 일치가 되리요 우리는 살아 계신 하나님의 성전이라 이와 같이 하나님께서 이르시되 내가 그들 가운데 거하며 두루 행하여 나는 그들의 하나님이 되고 그들은 나의 백성이 되리라
>
> (고후 6:16)

2. 성령은 거룩한 교통을 이룬다.

초대 교부들은 교회를 "성도의 교제"라고 정의하기도 하였는데, 오순절 성령 강림 이후 성령님은 교회안에서 거룩한 교제를 통하여 신자들 상호간에 아름다운 믿음의 교제를 이룩하도록 하셨다. 성령님은 교회안에서 거룩한 영적 교제를 가능하게 하시며, 이를 통하여 그리스도의 몸된 전을 세워나가시는 것이다. 교회안에서 성도끼리 거룩한 교제가 깨어지면 마귀가

역사하게 되고, 분쟁과 시기, 질투, 미움, 원망 그리고 온갖 시비가 생긴다.

> 형제들아 내가 우리 주 예수 그리스도의 이름으로 너희를 권하노니 모두가 같은 말을 하고 너희 가운데 분쟁이 없이 같은 마음과 같은 뜻으로 온전히 합하라
> (고전 1:10)

> 그들이 사도의 가르침을 받아 서로 교제하고 떡을 떼며 오로지 기도하기를 힘쓰니라 (행 2:42)

3. 성령은 교회 부흥 운동을 주장하신다.

최초 초대교회는 가정 교회의 모습을 벗어나지 못했었다. 하지만 성령님의 역사가 믿는 자들 속에서 강하게 역사하면서부터 교회의 양상은 크게 달라졌다. 짧은 기간 안에 엄청난 사람들이 예수 그리스도를 믿고 구주로 영접한 것이다.

> 빌기를 다하매 모인 곳이 진동하더니 무리가 다 성령이 충만하여 담대히 하나님의 말씀을 전하니라 (행 4:31)

> 그리하여 온 유대와 갈릴리와 사마리아 교회가 평안하여 든든히 서 가고 주를 경외함과 성령의 위로로 진행하여 수가 더 많아지니라 (행 9:31)

초대교회의 이런 부흥의 이면에는 성령의 강력한 역사가 있었으며, 믿는 자들이 성령의 능력을 힘입어서 담대한 복음 증거자의 역할을 감당할 수 있었던 것이다. 우리 구역의 성도들이 이런 역할을 하여 교회를 부흥시키자.

Memo

♣ 나눔의 시간 갖기

1. 오늘 말씀을 중심으로 삶에 적용해 보세요.

2. 기도

사랑의 하나님 오늘

예수님의 이름으로 기도드립니다. 아멘

3. 광고

①

②

③

4. 차시예고 (다음 구역공과 은혜시간에 중보기도 요청 내용과 감사의 기도 내용을 미리 공과에 적어오세요.)

5. 주기도문

〈감사절〉

25

초자연적인 감사

[20]범사에 우리 주 예수 그리스도의 이름으로 항상 아버지 하나님께 감사
하며 [21]그리스도를 경외함으로 피차 복종하라 (엡 5:20-21)

♣ 마음 나누기

1. 인사 (구역 식구들에게)

① 당신은 복 받을 사람입니다.

② 당신은 사랑받기 위해 태어난 사람입니다.

③ 당신은 주님의 멋진 형제(자매)입니다.

2. 찬송 (589장 넓은 들에 익은 곡식)

(1) 넓은 들에 익은 곡식 황금 물결 뒤치며
어디든지 태양 빛에 향기 진동하도다
(2) 추수할것 많은 때에 일꾼 매우 적으니
열심있는 일꾼들을 주여 보내 주소서
(3) 먼동틀때 일어나서 일찍 들에 나아가
황혼때가 되기 까지 추수하게 하소서
(4) 거둬들인 모든 알곡 천국 창고들인 후
주가 베풀 잔치자리 우리 참여 하겠네
(후렴) 무르익은 저 곡식은 낫을 기다리는데
때가 지나가기 전에 어서 추수 합니다 아멘

3. 기도 (인도자나 기도 순서자가 기도)

....

....

4. 중보기도 요청 나누기

① 기도 내용 말하기: ....

② 감사기도 내용 말하기: ....

③ 응답기도 내용 말하기: ....

추수감사절을 맞이하면서 감사에 대해서 다시한번 생각해 보자. 감사라 함은 '하나님의 은혜에 대한 고마움의 표시'이다. 감사는 말로하기는 쉽지만 행동으로 나타내기는 어렵다. 그러면 예수님께서 살전 5:18에 왜 "범사에 감사하라"고 하셨을까? 범사에 감사하는 것이 실천하기가 불가능했다면 말씀을 하지 않았을 것이다. 가능하기 때문에 말씀하셨을 것이다.

그러면 우리는 어떻게 하면 될 것인가?

〈듣지 못하는 것에 감사〉

발명왕 에디슨에게 기자가 물었다.

"어떻게 그토록 많은 것을 발명했습니까? 그 비결이 무엇입니까?"

"옛날 기차 안에서 연구를 하던 중, 기차가 덜컹거리는 바람에 화학약품이 든 병이 바닥에 떨어졌습니다. 기차에 불이 났고, 차장이 저를 기차 밖으로 던져버렸습니다. 그 때 귀를 다쳐 잘 듣지를 못합니다. 내 귀가 잘 들리지 않기 때문에 시끄러운 소리에 방해받지 않고, 항상 조용히 연구에 몰두할 수 있었기 때문입니다. 그래서 전 제가 듣지 못하는 것에 감사합니다."

어떻게 해야 '범사에 감사' 하는 삶을 살 수 있을까? 범사에 감사하는 삶은 어디서부터 흘러 나오는 것일까?

1. 족할 줄 아는 마음에서 감사가 나온다.

자족을 모르는 마음에서는 천하의 것을 다 얻어도 감사가 나올 수 없다. 그런 사람에게는 불평과 불만이 한순간도 떠날 날이 없을 것이다.

얻으면 얻는대로, 쌓으면 쌓는대로, 성취하면 성취한대로 또 다른 불만이 줄을 잇고 다가오는 것이다. 그러나 족할 줄 아는 마음에서는 있으면 있는대로, 없으면 없는대로, 범사에 감사하는 마음이 생긴다. 그러므로 성도는 자족하는 마음이 내 속에서 일어나도록 날마다 스스로를 훈련시켜야 한다. 그래야 내 믿음생활이 내게 유익이 된다.

성경은 우리에게 범사에 족한 마음으로 감사하며 살 것을 말하고 있다.

히 11:5, 딤전 6:6을 읽고 말씀의 의미를 생각해 봅시다.

> 믿음으로 에녹은 죽음을 보지 않고 옮겨졌으니 하나님이 그를 옮기심으로 다시 보이지 아니하였느니라 그는 옮겨지기 전에 하나님을 기쁘시게 하는 자라 하는 증거를 받았느니라 (히 11:5)

> 그러나 자족하는 마음이 있으면 경건은 큰 이익이 되느니라 (딤전 6:6)

2. 받은 바 은혜가 무엇인지 알아야 감사가 나온다.

성도는 감사생활에 성공하려면 내가 받은 바 은혜를 항상 살펴봐야 한다. 아니면 세상의 모든 것을 얻고도 항상 불만족이 온다. 사람의 육성은 감사한 일, 은혜받은 일에 대하여는 잘 잊어버리고, 섭섭한 일은 잘 기억에 남는다. 성도는 이를 뒤집어야 한다. 우리가 항상 기억할 것은 받은 바 은혜이고, 항상 잊어버려야 할 것은 섭섭하고 원망스러운 것들이다.

그렇게 되면 감사가 샘물처럼 솟아 나올 것이며, 미움과 원망이 사라지게 될 것이다. 생활이 항상 기쁘고 즐겁게 되며, 주님의 몸된 교회가 그리워지며 날마다 사랑하게 될 것이다.

골 3:15-17, 딤전 4:4-5을 읽고 말씀의 의미를 생각해 봅시다.

> 15그리스도의 평강이 너희 마음을 주장하게 하라 너희
> 는 평강을 위하여 한 몸으로 부르심을 받았나니 너희는
> 또한 감사하는 자가 되라 16그리스도의 말씀이 너희 속
> 에 풍성히 거하여 모든 지혜로 피차 가르치며 권면하고
> 시와 찬송과 신령한 노래를 부르며 감사하는 마음으로
> 하나님을 찬양하고 17또 무엇을 하든지 말에나 일에나
> 다 주 예수의 이름으로 하고 그를 힘입어 하나님 아버
> 지께 감사하라 (골 3:15-17)

> 4하나님께서 지으신 모든 것이 선하매 감사함으로 받으
> 면 버릴 것이 없나니 5하나님의 말씀과 기도로 거룩하
> 여짐이라 (딤전 4:4-5)

3. 환경을 초월한 믿음을 가져야 참 감사가 나온다.

일반적으로 보통 사람들의 생각은 환경이 변해야 감사할 수 있다고 생각한다. 그러나 하나님은 환경이 아니라 내 자신이 변해야 된다고 말씀하신다.

롬 5:3-4, 시 54:6-7을 읽고 환경을 초월한 믿음을 가질 때 어떤 은혜가 임하게 되는지 생각해 보도록 합시다.

> 3다만 이뿐 아니라 우리가 환난 중에도 즐거워하나니
> 이는 환난은 인내를, 4인내는 연단을, 연단은 소망을 이
> 루는 줄 앎이로다 (롬 5:3-4)

> 6내가 낙헌제로 주께 제사하리이다 여호와여 주의 이름
> 에 감사하오리니 주의 이름이 선하심이니이다 7참으로

Memo

주께서는 모든 환난에서 나를 건지시고 내 원수가 보응
받는 것을 내 눈이 똑똑히 보게 하셨나이다 (시 54:6-7)

모든 것을 수용하고 받아드릴 수 있는 사람만이 남들이 감사할 수 없는 속에서도 감사할 수 있는 초자연적인 감사를 할 수 있는 사람이 된다. 특히 어려운 환경과 환난이 닥칠 때 그것을 수용하고 받아들이며, 감사함으로 받아들일 때 초월적인 감사가 나오게 된다. 그러므로 감사할 수 있는 환경을 달라고 기도할 것이 아니라, 하나님을 향한 나의 마음의 문이 활짝 열릴 수 있도록 기도하며, 환경을 초월하는 믿음을 가질 수 있도록 기도해야 한다.

♣ 나눔의 시간 갖기

1. 오늘 말씀을 중심으로 삶에 적용해 보세요.

2. 기도

사랑의 하나님 오늘

예수님의 이름으로 기도드립니다. 아멘

3. 광고

① ....

② ....

③ ....

4. 차시예고 (다음 구역공과 은혜시간에 중보기도 요청 내용과 감사의 기도 내용을 미리 공과에 적어오세요.)

5. 주기도문

Memo

〈성탄절〉

26

성탄을 맞는 성도의 신앙자세

[18]예수 그리스도의 나심은 이러하니라 그의 어머니 마리아가 요셉과 약혼
하고 동거하기 전에 성령으로 잉태된 것이 나타났더니 [19]그의 남편 요셉
은 의로운 사람이라 그를 드러내지 아니하고 가만히 끊고자 하여 [20]이 일
을 생각할 때에 주의 사자가 현몽하여 이르되 다윗의 자손 요셉아 네 아
내 마리아 데려오기를 무서워하지 말라 그에게 잉태된 자는 성령으로 된
것이라 [21]아들을 낳으리니 이름을 예수라 하라 이는 그가 자기 백성을 그
들의 죄에서 구원할 자이심이라 하니라 [22]이 모든 일이 된 것은 주께서 선
지자로 하신 말씀을 이루려 하심이니 이르시되 [23]보라 처녀가 잉태하여
아들을 낳을 것이요 그의 이름은 임마누엘이라 하리라 하셨으니 이를 번
역한즉 하나님이 우리와 함께 계시다 함이라 [24]요셉이 잠에서 깨어 일어
나 주의 사자의 분부대로 행하여 그의 아내를 데려왔으나 (마 1:18-24)

♣ 마음 나누기

1. 인사 (구역 식구들에게)

① 당신은 오늘 건강해 보이십니다.

② 당신과 함께하여 기쁩니다.

③ 당신은 은혜가 풍성한 사람입니다.

2. 찬송 (122장 참 반가운 성도여)

(1) 참 반가운 성도여 다 이리와서 베들레헴
성 안에 가 봅시다 저 구유에 누이신 아기를 보고

(2) 저 천사여 찬송을 높이 불러서 이 광활한
천지에 울리어라 주 하나님 앞에 늘 영광을 돌려

(3) 이 세상에 주께서 탄생할 때에 참신과 참
사람이 되시려고 저 동정녀 몸에서 나시었으니

(4) 여호와의 말씀이 육신을 입어 날 구원할
구주가 되셨도다 늘 감사한 찬송을 주 앞에 드려

(후렴) 엎드려 절하세 엎드려 절하세 엎드려 절하세 구주 나셨네 아멘

3. 기도 (인도자나 기도 순서자가 기도)

4. 중보기도 요청 나누기

① 기도 내용 말하기:

② 감사기도 내용 말하기:

③ 응답기도 내용 말하기:

해마다 성탄절이 돌아오면 믿는 사람이건 믿지 않는 사람이건 남녀노소를 막론하고 왠지 모르게 마음이 들뜨고 기쁘며 즐거운 것을 느끼게 된다. 왜 그럴까? 성탄은 인류를 구원하시기 위하여 오신 예수님의 탄생의 날이기 때문이다. 이 의미를 아는 신자라면 마땅히 예수님께 감사해야 하며, 예수님의 사랑을 본 받아 이웃을 사랑하는 그리스도인의 따뜻한 모습을 보여 주는 것이 성도의 신앙자세라고 본다.

〈10월의 크리스마스〉

뉴올리언즈에서는 10월에 이틀동안 크리스마스 행사를 한다고 한다. 성급해서도 아니고, 다른 방법으로 날짜를 계산해서도 아니다.

그들은 주위의 불쌍한 자, 소외된 자들을 위해 이틀 동안 자원하여 집을 지어 준다고 한다. 추위가 오기 전에 입주할 수 있게 하기 위해서라고 한다.

예수님께 드리는 최고의 생신 선물임에 틀림없다.

이 시간에는 성탄을 맞는 성도의 신앙자세에 대해서 구체적으로 알아봄으로 은혜를 나누는 귀한 시간이 되도록 합시다.

1. 감사하는 신앙을 갖도록 하자.

예수님께서 사람의 몸을 입고 이 땅에 오신 목적은 나의 죄를 용서하시고 구원시켜 천국 백성이 되도록 하기 위해서이다. 이것을 생각해 보면 이 땅에 오신 주님께 감사하지 아니할 수가 없는 것이다. 어디 이뿐이겠는가? 지금까지 나의 가족과 직

장과 사업과 자녀를 지켜주시고 보호하셔서 믿음생활 잘 할 수 있도록 인도해 주심을 생각해 볼 때 감사가 마음에서 입술에서 저절로 나올 수밖에 없는 것이다.

이번 성탄을 맞는 성도는 온 가족이 모여 지금까지 건강으로 인도해 주신 하나님께 감사하도록 합시다. 믿음생활을 잘 할 수 있도록 도와주심에 감사합니다. 모든 일에 잘 되게 해 주심에 감사합니다. 함께 모여 감사함으로 찬양으로 영광 돌립시다.

마 2:10-11을 읽고 예수님의 탄생을 감사하기 위해 동방박사들이 무엇을 주님께 드렸는지 다같이 읽어 보도록 합시다.

> [10]그들이 별을 보고 매우 크게 기뻐하고 기뻐하더라 [11]집
> 에 들어가 아기와 그의 어머니 마리아가 함께 있는 것
> 을 보고 엎드려 아기께 경배하고 보배합을 열어 황금과
> 유향과 몰약을 예물로 드리니라 (마 2:10-11)

2. 예수님을 본 받도록 하자.

예수님께서는 만왕의 왕이시고 전지전능하신 분임에도 불구하고 인간의 몸으로 마구간에서 태어나셨다. 죄인들을 사랑하셔서 그 죄를 대신 지시고 십자가를 지심으로 인류를 구원시키시려고 이 땅에 아기 몸으로 오신 것이다. 그러므로 이번 성탄절을 맞는 성도는 예수님을 본 받아야 할 것이다.

첫째, 예수님의 겸손과 검소, 소박하심이다.

둘째, 예수님의 사랑과 은혜이다.

성탄절에 온 가족이 모여서 예수님을 본 받아 가족이나 이웃이나 누구한테도 자신을 낮추고 남을 높여 주는 신앙이 되어야 하겠다. 물 한 방울, 전기 한 등, 휴지 한 조각이라도 아껴쓰

고 절약하며 검소하고 소박한 신앙인이 되도록 하여서 성도의 참 모습을 보여주어야 한다. 빈부귀천을 떠나서 온 인류를 사랑하신 예수님의 사랑과 은혜를 본 받아 서로 아껴주고, 감싸주고, 덮어 주며 이해해 주는 사랑을 실천해야 하겠다. 이렇게 할 때 하나님의 은총이 가정위에 함께 하실 것이다.

약 5:10, 잠 15:33을 읽고 겸손할 때 어떤 축복이 임하는지 다같이 살펴 보도록 합시다.

> 형제들아 주의 이름으로 말한 선지자들을 고난과 오래 참음의 본으로 삼으라 (약 5:10)

> 여호와를 경외하는 것은 지혜의 훈계라 겸손은 존귀의 길잡이니라 (잠 15:33)

3. 이웃을 사랑하는 신앙을 갖자.

예수님은 가난한 자, 부한 자, 병든 자, 건강한 자, 지혜로운 자, 지혜롭지 못한 자, 외모가 잘 생기든 못 생기든지 구별하지 아니하시고 똑같이 사랑하셨다. 편애하시지를 않으셨다. 인간은 똑같은 죄인들이기 때문에 똑같이 사랑하셔서 십자가를 지신 것이다. 그러므로 이번 성탄절을 맞는 신자는 예수님이 모든 인류를 사랑해 주신 것처럼 우리 성도들도 따뜻하게 사랑을 전하자. 이번 성탄절에는 사랑을 주라.

마 5:43-46을 읽고 이웃을 사랑할 때 어떤 축복이 있게 되는지 이야기해 보도록 하자.

> 43또 네 이웃을 사랑하고 네 원수를 미워하라 하였다는
> 것을 너희가 들었으나 44나는 너희에게 이르노니 너희

Memo

원수를 사랑하며 너희를 박해하는 자를 위하여 기도하
라 [45]이같이 한즉 하늘에 계신 너희 아버지의 아들이 되
리니 이는 하나님이 그 해를 악인과 선인에게 비추시며
비를 의로운 자와 불의한 자에게 내려주심이라 [46]너희
가 너희를 사랑하는 자를 사랑하면 무슨 상이 있으리요
세리도 이같이 아니하느냐 (마 5:43-46)

불쌍한 이웃이 있으면 희망을 갖도록 용기를 주자. 그들을 주님 앞으로 나오도록 도와주자. 온 가족이 모여서 부모가 없고 몸이 성하지를 못한 불쌍한 이웃들을 한번 생각해 보고 그들을 도와주어야 할 것이다. 이런 가정을 하나님께서는 크신 축복으로 인도하실 것이다.

♣ 나눔의 시간 갖기

1. 오늘 말씀을 중심으로 삶에 적용해 보세요.

2. 기도

3. 광고

   ①

   ②

   ③

4. 차시예고 (다음 구역공과 은혜시간에 중보기도 요청 내용과 감사의 기도 내용을 미리 공과에 적어오세요.)

5. 주기도문

자기주도적 성장하는 구역

인쇄일 2011년 05월 10일
발행일 2011년 05월 20일

지은이 신정석
펴낸이 장사경
편집디자인 송지혜
경영총무 조자숙

펴낸곳 Grace Publisher(은혜출판사)

주소 서울 종로구 숭인 2동 178-94
전화 (02) 744-4029 팩스 (02) 744-6578
출판등록 제 1-618호(1988. 1. 7)

ISBN 978-89-7917-891-3 04230
ISBN 978-89-7917-889-0 04230 (세트)